# स्वातन्त्र्योत्तर कहानी का परिदृश्य
# और
# फणीश्वरनाथ रेणु की कहानियाँ


**विद्या सिन्हा**



**वाणी प्रकाशन**

21-ए, दरियागंज, नई दिल्ली-110002

फोन : 23273167, 23275710

e-mail : vani_prakashan@yahoo.com

vani_prakashan@mantraonline.com

ISBN 81-8143-045-X

**वाणी प्रकाशन**
21-ए, दरियागंज, नई दिल्ली-110002
द्वारा प्रकाशित

प्रथम संस्करण : 2003

**मूल्य : 150.00**

नागरी प्रिंटर्स, दिल्ली-110032
द्वारा मुद्रित

---

S¡TANTRYOTTAR KAHANI KA
PARIDRASHYA AUR
FANISH¡RNATH RENU KI KAHANIYAN
by Vidya Sinha

*जीवन की कहानी*
*लिखने वाली माँ को*
*और*
*उसके सतत उदग्र श्रोताओं*
*आरुषी और अर्जुन को*

# प्राक्कथन

यह सच है कि विधा के रूप में हिन्दी कहानी का यह दुर्भाग्य ही कहा जाएगा कि उसे कविता और उपन्यास की तुलना में समीक्षा और समीक्षकों की पर्याप्त उपेक्षा मिली है। लेकिन यह भी उतना ही बड़ा सच है कि गल्प, आख्यान, आख्यायिका और कथा के रूप में मनोरंजन का माध्यम मानी जानेवाली कहानी ने प्रेमचन्द से लेकर नई कहानी और समकालीन कहानी तक पहुँचने की यात्रा में अपनी एक स्पष्ट निर्भ्रान्त और सम्भावनापूर्ण पहचान बनाई जिसकी नींव में व्यक्ति और समाज को घेरनेवाले ठोस आर्थिक, राजनीतिक, सामाजिक, धार्मिक सन्दर्भ थे, जिसकी बुनावट व्यक्ति और ऐतिहासिक दबावों की टकराहट में घनीभूत हुई थी और जिसने जाँचने परखने के लिए तत्ववादी पारम्परिक और आरोपित समीक्षा पद्धति को नाकाफ़ी सिद्ध कर दिया था।

नई कहानी की व्यापक दृष्टि और बुनावट की सूक्ष्मता उसे बहुत से आने-जानेवाले अल्पजीवी कथा आन्दोलनों से अलग एक ऐसी ठोस आधारभूमि देती है जो उसे उसकी विकसनशीलता और वैविध्य के खुलेपन के साथ समकालीन कहानी के नैरन्तर्य से सीधे जोड़ने में समर्थ है।

समकालीन कहानी के इसी परिदृश्य में आँचलिक कहानी और ग्राम कथा की सम्भावनाओं पर विचार की आवश्यकता है; विशेष रूप से तब जब उत्तर आधुनिकतावादी समीक्षा पाठ के विखण्डन की बात बार-बार दुहरा रही है, वैश्विक सन्दर्भों में जीवन और संस्थाओं और समाज के अर्थहीन हो जाने की बात कर रही है। यूरोप हमारे लिए रचना, विचार और समीक्षा के मुद्दे तय नहीं करे तो हमारी रचनाशील बौद्धिक सम्पदा अपनी जमीन से अपने लिए विचार और कसौटियाँ उकेरने और उगाने में समर्थ है।

आंचलिक और ग्राम कथा लेखन को एक विशिष्ट रूमानी प्रभामण्डल में घेरने की, लोकगीतों, पर्व त्यौहारों और लोकसंस्कृति की मिली-जुली छवि

प्रस्तुति का पर्याय मानने की भ्रान्तियाँ बराबर की जाती रही हैं। हिन्दी में शोध और समीक्षा दोनों ही क्षेत्रों में आंचलिकता को शिल्पगत उपकरण मात्र मानने की भूल भी की जाती रही है और अन्य आंचलिक कथाकारों के साथ-साथ रेणु के समृद्ध लेखन को भी इस भ्रान्ति का शिकार बनना पड़ा है।

रेणु के उपन्यासों पर तो फिर भी गम्भीरता से विचार विमर्श किया गया; उनकी कहानियों की रचनात्मकता और ग्रामीण प्रस्तुति भंगिमा के भीतर छिपे आधुनिक संकट की अभिव्यक्ति की ओर समीक्षकों और शोधार्थियों की दृष्टि नहीं गई जो रेणु की कहानियों में व्यक्ति और इतिहास की शक्ति को टकराते हुए मूर्त करती हैं। श्री सुरेन्द्र चौधरी और डॉ. सुवास कुमार ने ही रेणु की कहानियों में छिपी इस शक्ति की ओर इंगित किया है। अन्यथा रेणु की कहानियों को लोकसंस्कृतिवादी रोमांटिक दृष्टि से ही देखा गया है। उनकी बेहतर समीक्षाओं के कुछ उद्धरण देकर मैं अपनी बात स्पष्ट करना चाहूँगी। 'तीसरी कसम उर्फ मारे गए गुलफाम' लम्बी और सशक्त कहानी है। इसमें लोकगीतों और लोक कथाओं का सुन्दर समन्वय है।' लेखिका ने डॉ. नामवर सिंह को उद्धृत करते हुए लिखा है, 'इसमें कहानी की अन्विति और एकता नहीं है, और इसकी योजना औपन्यासिक है।...

...लाल पान की बेगम में एक विशेष अंचल की बोली, रहन-सहन मुहावरों और मनःस्थितियों का वर्णन है। (शेफालिका : 'रेणु का कथा संसार', राधाकृष्ण प्रकाशन, पृ. 67)

एक अन्य स्थान पर लिखा गया—'सिरपंचमी का सगुन' कहानी में मिथिला के किसानों और उनके रीति रिवाजों का वर्णन है।' पृ. 68

इधर पिछले पाँच-छः वर्षों में आंचलिक कहानी पर दो-तीन शोध प्रबन्ध भी देखने में आए हैं। लेकिन सारे प्रयासों के बावजूद ग्राम कथा और आंचलिक कथा की शक्ति और सम्भावना की ठोस पहचान नहीं उभर पाई।

अन्य भारतीय भाषाओं गुजराती, मराठी, कन्नड़, तेलुगु, बंगला, मलयालम, उड़िया और असमिया आदि में इधर पर्याप्त आंचलिक कथा लेखन सामने आया है जो इस अवधारणा की समृद्धि और शक्ति का संकेत करता है। सन् 1987 में राजेन्द्र अवस्थी ने 'सत्रह आंचलिक कहानियाँ' नाम से एक पुस्तक सम्पादित की थी जिसकी भूमिका में आंचलिकता और आंचलिक कथा लेखन पर एक परिचर्चा भी है। इस भूमिका में आचार्य नन्ददुलारे वाजपेयी ने उपन्यास के सन्दर्भ में जो बात कही है उसमें आंचलिकता की अवधारणा और सम्भावना के स्पष्ट संकेत मिलते हैं—'आंचलिक उपन्यास मूलतः

यथार्थवाद से सम्बद्ध है।...बल्कि एक गतिहीन समाज और सामाजिक जीवन को मानव-गतिविधि की नई दिशाओं से परिचित कराने के कारण आंचलिक उपन्यास अधिक प्रगतिशील और मूल्यवान कहे जा सकते हैं।'

वस्तुतः जो यथार्थवाद आधुनिक कथा साहित्य की आधारशिला है वही आंचलिक कथा साहित्य में स्थानीय जीवन के प्रबल दृश्यों द्वारा प्रस्तुत किया जाता है। स्थानीयता की यह विशेषता कथा में मात्रा के माध्यम से गुणात्मक परिवर्तन उपस्थित करती है जो अनुभव को अत्यधिक विश्वसनीय बनाता चलता है स्थान की सूक्ष्मताओं की यात्रा करते हुए। इसी परिदृश्य में रेणु की कहानियों की सम्भावनाओं को जाँचने की कोशिश इस पुस्तक में की गई है। रेणु की कहानियाँ कथा शिल्प की सम्भावनाएँ और वैविध्य लिए इतनी सहजता से चलती हैं कि हम कथा के साथ-साथ पात्रों की भीड़ में जुलूस के हिस्से की तरह चलने लगते हैं।

रेणु ने शब्दों में अंचल के गन्ध का परिवेशन किया है। शब्द और ध्वनि से रूप, रस, स्पर्श, गन्ध का परिवेशन बोध और तीन बिन्दियाँ (थ्री डॉट्स) की शिल्प सीमा में गहरे अर्थों, उपेक्षित क्षणों और अनदेखे चित्रों की एक पूरी दुनिया रेणु ने रची है।

युग के संकट और व्यक्ति के मन दोनों को रेणु ने बहुत नजदीक से पूरी गहराई, व्यापकता और वैविध्य में देखा और जिया था इसलिए उनकी रचनाओं की दुनिया में हम व्यक्ति और इतिहास, पात्र और परिस्थिति को एक दूसरे से टकराते, क्रिया-प्रतिक्रिया, घात-प्रतिघात करते पाते हैं।

रेणु के कथा लेखन की परम्परा को अनेक युवा कहानीकारों ने आगे बढ़ाया अपनी मौलिक पहचान बनाते हुए, अपने समय की नब्ज पहचानते हुए। राबिन शा पुष्प ने एक पुस्तक का सम्पादन किया 'बिहार के युवा हिन्दी कथाकार' जिसकी भूमिका में उन्होंने लिखा—

'हिन्दी कहानी का आन्दोलनों और खेमों से मोहभंग हो चुका है और यह दावे के साथ कहा जा सकता है कि मौजूदा दौर के ताजा कथाकारों ने अपने पूर्ववर्ती कहानी के छद्‌मों को जिस तरह बेनकाब किया है और मठाधीशों के मन्तव्यों को नकारा है—वह युवा ऊर्जा के रचनात्मक, अभिप्रायों की ओर ही संकेत कर रहा है।...बिहार के संस्कार में दुनिया की तेज रफ्तार अभी तक घुल नहीं पाई है—इसकी संस्कृति में जो ठहराव है, वही इसे एक पहचान देता है। इस संस्कार, संस्कृति, अन्तर्विरोधों और ऐतिहासिक नियतियों से जन्मी बिहार की सामाजिक पृष्ठभूमि ही, यहाँ के इन युवा कथाकारों को जमीन से

जोड़ती है, क्योंकि ये इसके भोक्ता हैं, इसीलिए संवाहक भी।...वैसे ये तमाम कहानियाँ अपनी समग्रता में अपने समय को किस तरह महसूसती हैं और बेहतर मानव समाज के निर्माण के संघर्षशील जज्बे से किस तरह जुड़ती हैं, मूल्यांकन का विषय है।'

रॉबिन जी की भूमिका के इन अंशों में कहानी और कहानीकार की रचनात्मकता के सार्थक प्रतिफलन के लिए संस्कृति और ऐतिहासिक नियति के अन्तर्विरोधों के साथ जमीन से जुड़ने की जो बात कही गई है वही ग्राम कथा और आंचलिक कथा की सम्भावनाओं और यथार्थ से पैदा हुई शक्ति का स्पष्ट संकेत धारण करती है।

समकालीन कहानी के इस परिदृश्य में रेणु की कहानियों को समझने की जो दृष्टि इस पुस्तक द्वारा प्रस्तावित की गई है वह आंचलिक और ग्राम कथा पर पुनर्विचार की प्रेरणा देगी ऐसा मेरा विश्वास है।

पुनश्च : जिन लेखकों की पुस्तकों से मैंने सन्दर्भ लिये हैं उनके प्रति आभारी हूँ। महान और अद्वितीय कथा गायक फणीश्वरनाथ रेणु की स्मृति को प्रणाम करती हूँ। अपने पति और बच्चों का विशेष धन्यवाद करती हूँ जिनका सहयोग मुझे निरन्तर मिला है।

**–विद्या सिन्हा**

# अनुक्रम

# नई कहानी समकालीन परिदृश्य

नई कहानी के नएपन और उसकी शुरूआत या प्रारम्भिक सीमा निर्धारण को लेकर हुए तमाम चौतरफ़ा वाद-विवाद के बाद यह स्पष्ट हो जाता है कि नई कहानी संवेदना और संरचना दोनों ही स्तरों पर हदबन्दियों को तोड़ते हुए जिस रूप में सन् 47 यानी स्वतन्त्रता के आस पास अपनी अस्मिता कायम करती है उसका प्रत्यक्ष और सीधा सम्बन्ध प्रेमचन्द की आदर्श बिन्दु शासित कहानियों से अलग ज़िन्दगी की सच्चाई का साक्षात्कार करनेवाली उनकी कहानियों से जुड़ता है।

यह बात साफ़ उभरने लगती है कि स्वतन्त्रता के आस पास कुछ ही वर्षों में बहुत कुछ ऐसा बड़ी तीव्र गति से घटित हो रहा था जिसने भारतीय समाज के चिन्तन ध्रुवों को हिला दिया था। आर्थिक, सामाजिक, राजनीतिक, धार्मिक, साहित्यिक, कलात्मक सभी सन्दर्भों पर आदमी एक नए सिरे से सोचने को विवश हो गया। स्वतन्त्रता प्राप्ति इससे पूर्व एक बहुत बड़ा लक्ष्य था जिसके सामने आदमी को अपना जीवन और उसकी समस्याएँ गौण प्रतीत हुए लेकिन उसके बाद, उसके बदलते परिवेश और बदलती जीवनस्थितियों ने अपने को आमने-सामने जूझने और टकराने को विवश पाया।

स्वतन्त्रता से पहले स्वातन्त्र्योत्तर देश की जो सुनहरी तस्वीर बनाई गई थी उसे कुछ ही वर्षों के मोहभंग और स्वप्नभंग के अनुभवों ने तोड़ दिया।

देश विभाजन और शरणार्थी होकर बड़ी संख्या में लोगों का विस्थापन, इससे पहले द्वितीय विश्वयुद्ध के विध्वंसक प्रभाव परिणामतः सारे देश में चोरबाज़ारी रिश्वत और बेईमानी का माहौल और इस माहौल में अपनी योग्यता के सही उपयोग से वंचित, हताश, पराजित नई पीढ़ी...आतंक तनाव और विश्वासहीनता की हवा में साँस लेता समूचा देश...विघटन और ह्रास से गुज़रती हुई आदमी की नैतिकता और उसके संस्कार। औद्योगिक निर्माण के कारण बड़े-बड़े शहर और इन शहरों में एक दूसरे पर अविश्वास करते, असुरक्षित

महसूस करते अकेले आदमियों का बँधा हुआ समुद्र।

अपने आस पास से कटा हुआ और बेवसी से जुड़ा हुआ अकेला आदमी...सारे सम्बन्धों और सारी संस्थाओं पर अनास्था और फिर भी अपना औचित्य और अस्तित्व प्रमाणित करने के लिए किसी स्तर पर झुलसी हुई आकाँक्षा।

व्यक्तियों के लिए व्यक्तियों में केन्द्रित राजनीति और उसकी सर्वग्रासी छाया में काँपता और मुक्ति के लिए छटपटाता, अपने को बेसहारा महसूस करता हुआ मानव समूह...आक्रोश और झुँझलाहट में खीझती भीड़...विश्वविद्यालयों पर राजनीति का अधिकार और रचनात्मकता से कटी हुई शिक्षा व्यवस्था, निरुद्देश्यता के भंवर में ऊभ चूभ करती हुई विध्वंसक दिशाहीन युवाशक्ति, ग्रामीण जीवन में गलत तरीके से घुसपैठ करती राजनीति, ग्रामीण जनता का अपने हित में इस्तेमाल और शोषण करते राजनेता और उनकी बनाई व्यवस्था...

जीने के साधनों का केन्द्रीकरण और दूसरों के रक्त पर पलता हुआ सुख-सुविधाओं पर जन्मसिद्ध अधिकार करते हुए एक वर्ग...रोज़ होती हुई दुर्घटनाएँ, हत्याएँ और उनका संत्रास नई कहानी का यही संसार है और उसमें अभिव्यक्ति पाता हुआ इसी परिवेश और उससे निर्मित आन्तरिकता से गुज़रनेवाला समूह है।

स्वतन्त्रता के बाद का कथाकार दोहरा संकट एक साथ झेलता है। वह सामान्य आदमी की तरह उलझी आड़ी तिरछी समस्याग्रस्त ज़िन्दगी के विरोधों को पूरी सम्पृक्ति और गहराई के साथ एक स्तर पर जीता है और दूसरे स्तर पर इस अनुभव से **आवेगहीन**, आवेशरहित **अलगाव** कायम करके सम्प्रेषण और अभिव्यक्ति की ज़िम्मेदारी निबाहता है। वह सर्जनात्मक स्तर पर जीवन के सत्य का साक्षात्कार उसके कटु तिक्त परिवेश के सारे बाहरी भीतरी अन्तर्विरोधों और बेबसी के बीच कराता है यही कारण है कि वह किसी निश्चित आदर्श के प्रति स्वयं को प्रतिबद्ध महसूस नहीं करता, सिर्फ परिवेश की परिधियों में खिसकती, सरकती, दौड़ती ज़िन्दगी का यथार्थ रेखांकित करता है; अनुभव और उसे जीने की पूरी सच्चाई और ईमानदारी के साथ। यथार्थ की अभिव्यक्ति के प्रति ही स्वातन्त्रयोत्तर कथाकार की ज़िम्मेदारी के सम्बन्ध में बकलम राजेन्द्र यादव वह केवल और केवल उस वर्तमान यथार्थ के प्रति कमिटेड हे जो उसकी संचेतना का अंग है, उस परिवेश से प्रतिबद्ध है जो परिस्थिति और व्यक्ति के सायुज्य का परिणाम है।[1]

नई कहानी व्यक्ति की कहानी नहीं है व्यक्ति और उसके परिवेश के निरन्तर संक्रान्त और जटिल होते संबंधों की कहानी है। वह दिमागी स्मस्याओं को खड़ा करके आरोपित सामाजिकता की ओर नहीं बल्कि सामाजिक और समाज से संपृक्त व्यक्ति की यथार्थ चेतना की ओर उन्मुख है। यह यात्रा कहानी से यथार्थ बोध की ओर नहीं बल्कि यथार्थबोध से कहानी ओर है। नई कहानी ने अपने जातीय राष्ट्रीय सन्दर्भों से अपने को अधिक जोड़ा था।...अपने समाज के मानसिक, आर्थिक और नैतिक रूप से प्रताड़ित, दलित बेबस और टूटे हुए पात्रों की संवेदना को अभिव्यक्ति दी थी...**लोकजीवन** से सीधा सम्पर्क जोड़ा था और इस जुड़ाव से उत्पन्न यथार्थ संकट को झेला था—अनुभव और अभिव्यक्ति दोनों ही स्तरों पर चाहे वे कहानीकार फणीश्वरनाथ रेणु, शिव प्रसाद सिंह, मधुकर गंगाधर और अमरकान्त हों या, कमलेश्वर, मोहन राकेश, मार्कण्डेय और ठाकुर प्रसाद सिंह।

मार्कण्डेय ने नई कहानी के सम्बन्ध में लिखा है—'सवाल कहानी का नहीं, कहानी के समय का है और समय की भी अर्थवत्ता तभी है जब वह इतिहास की अबाध गति में प्रवाहित हो रहा हो।...सवाल समय का भी नहीं वरन् उस आदमी का है जो आज के अपने सामाजिक आर्थिक सन्दर्भ की सही उपज है।[2]

आज के अपने सन्दर्भ से उपजे आदमी की ज़िन्दगी के मसले और उनसे जुड़ी विडम्बित स्थितियों को नई कहानी रेखांकित करती है। नई कहानी आग्रहों की कहानी नहीं है, प्रवृत्तियों की हो सकती है और उसका मूल स्रोत है—जीवन का यथार्थबोध। और इस यथार्थ को लेकर चलनेवाला वह विराट् मध्य और निम्न मध्यवर्ग है, जो अपनी जीवनी शक्ति से आज के दुर्दान्त संकट को जाने अनजाने झेल रहा है, उसका केन्द्रीय पात्र है (अपने विविध रूपों और परिवेशों में) जीवन को वहन करनेवाला व्यक्ति।[3]

परिस्थितियों से टकराते जीवन का यथार्थ नई कहानी में अनेक परिदृश्यों में अभिव्यक्त हुआ है—कहीं बदलते सम्बन्धों के रूप में, कहीं विभाजन से उत्पन्न रक्त रंजित समस्याएँ और असहनीय पीड़ा, कहीं मानवहित के बजाए निगतिशील स्वार्थी तत्त्वों से गठबन्धन करती राजनीति के यथार्थ साक्षात्कार और उसके परिणाम झेलते समूह का दर्द, गलत व्यवस्था के शोषण चक्र में पिसता और विरोध झेलता पुरुष, बराबर अर्थ पर केन्द्रित होती सभ्यता और उससे प्रभावित सम्बन्ध, आर्थिक सन्तुलन की तलाश में नौकरी पेशा नारी का द्वन्द्व, तनाव, संघर्ष, निरन्तर ग़लत प्रमाणित हो रही व्यवस्था को बदलने की

आकांक्षा और न बदल पाने की बेबसी, घर और बाहर ठण्डे पड़ते सम्बन्धों का दर्द, अकेलेपन से ग्रस्त अँधेरा भविष्य, ग्रामीण जीवन में संक्रमित होते नए मूल्य, परम्परा को न छोड़ पाने की विवशता और आधुनिक वर्तमान को स्वीकार करने की अनिवार्यता, प्राकृतिक संकट-अकाल और सूखा झेलते देश के जनसामान्य की विडम्बना यानी हर स्तर पर व्यक्ति और परिवेश की रू-ब-रू टकराहट।

'आज की कहानियों में परिवेश बोध की अनुपातता की विकसित चेतना बहुत महत्त्व की वस्तु है। इसकी सही पकड़ न होने से भ्रान्तियाँ हो जाया करती हैं। इस बिखराव इस भटकन और इन असन्तुलित मानवीय सम्बन्धों से हटकर आज के कहानीकार को न तो दृष्टि मिल सकती है और न दृश्य ही इसलिए कहानीकार अपने चारों ओर फैले वातावरण को अभिव्यक्ति देता है।[4]

उन नई स्थितियों और नए मूल्यों ने जिनसे परिवार विघटित हुए हैं और व्यक्ति की अपनी अस्मिता की महत्ता एक नए सिरे से स्थापित हुई, मानवीय सम्बन्धों में क्रान्तिकारी परिवर्तन उपस्थित किया। सम्बन्धों के बदलाव का यह कोण अपने विविध आयामों में नई कहानी का विषय बना है। प्रेमचन्द के समय से ही टूटते परम्परागत ढाँचेवाले परिवार के हर सदस्य की दृष्टि के केन्द्र में अब अर्थ प्रधान हो गया और सम्बन्धों के बनने बिगड़ने में महत्त्वपूर्ण निर्णायक भूमिका निबाहने लगा। 'मूल्यरहित व्यक्ति अपनी भौतिक समृद्धि के लिए सारे पारिवारिक और सामाजिक सम्बन्धों को तोड़ता गया और एक नए प्रकार के मूल्यहीन सम्बन्धों की निर्मिति करता गया।'[5]

स्वतन्त्रता के बाद की परिस्थितियों में सम्बन्ध बनने की बजाय टूटे अधिक हैं। पिछली पीढ़ी के आदर्शवादी मूल्यों आस्थाओं और झूठे पड़ते विश्वासों को नई पीढ़ी ने प्रश्नचिन्हित किया है। पीढ़ियों के सम्बन्धों का बदलाव रेखांकित करनेवाली अनेक कहानियाँ नए कथाकारों ने सर्जनात्मक धरातल पर प्रस्तुत की। माँ और बेटे के सम्बन्धों के बीच दरार डालते आधुनिक परिवेश और अर्थ केन्द्रित दृष्टि को चीफ़ की दावत (भीष्म साहनी) बड़ी शक्ति और सफलता के साथ प्रस्तावित करती है। अपने परिवार के लिए फालतू हो जाने की यथार्थ स्थिति और इस परिवेश और परिस्थिति के बीच टूटते 'गजाधर बाबू' की पीड़ा को गहराई के साथ 'वापसी' (उषा प्रियंवदा) रेखांकित करती है। पीढ़ियों के बीच पनपती इस सम्बन्धहीनता और विघटित हो रहे पारिवारिक मूल्यों को व्यक्त करनेवाली महत्त्वपूर्ण कहानियाँ हैं–'गुलरा के बाबा' (मार्कण्डेय) 'कर्मनाशा की हार' (शिवप्रसाद सिंह) 'आर्द्रा' (मोहन राकेश) 'रानी

माँ का चबूतरा' (मन्नू भण्डारी), 'डिप्टीकलक्टरी' (अमरकान्त) 'पास फेल', 'लंच टाइम' (राजेन्द्र यादव) 'जड़ें' (सुदर्शन चोपड़ा) 'किसके लिए' (कमलेश्वर) 'मेरे लिए नहीं' (धर्मवीर भारती), 'पिता' (ज्ञानरंजन) और गंदले जल का रिश्ता' (शानी)।

आधुनिक परिवेश का सबसे गहरा दबाव नारी पुरुष सम्बन्धों को ही झेलना पड़ा है। स्त्री पुरुष के बीच सम्बन्धों का यह विघटन कहीं भीतरी तनाव तक ही रहता है और कहीं बाहरी क्रियाशीलता में साकार भी हो जाता है। इस स्तर पर सम्बन्ध विघटन का सबसे बड़ा कारण आधुनिक नारी का घर का चौखटा लाँघकर, शिक्षित होना और आर्थिक स्वतन्त्रता प्राप्त कर हर क्षेत्र में पुरुष की बराबरी करना है। यही वह बिन्दु है जहाँ स्त्री और पुरुष पति-पत्नी, प्रेमी-प्रेमिका की अपेक्षा समान व्यक्तियों के रूप में सामने आते हैं जिनमें टकराहट स्वाभाविक है। सम्बन्ध बदलाव की इस दिशा में अर्थ बहुत महत्त्वपूर्ण भूमिका अदा करता है। 'राजा निरबंसिया' (कमलेश्वर) में अर्थ की मजबूरी स्त्री को दूसरे पुरुष की ओर झुकाती है और यही झुकाव पति की मानसिक कुण्ठा बन जाता है, चुनौती और प्रतिहिंसा को जन्म देता है और इसका असर पति-पत्नी सम्बन्धों पर पड़ता है। सम्बन्धों के इस विघटन को राजेन्द्र यादव की 'टूटना' मनोविज्ञान और अर्थ दोनों ही सन्दर्भों में अत्यन्त सशक्तता से प्रस्तावित करती है।

'एक और जिन्दगी' (मोहन राकेश) सम्बन्धों की इस टूटन को व्यक्तियों की टकराहट के स्तर पर व्यंजित करती है। आर्थिक दृष्टि से स्वावलम्बी दर्पशीला बीना झुकती नहीं है और प्रकाश का पुरुषोचित अहं उसे झुकने नहीं देता जबकि दोनों ही कहीं न कहीं एक दूसरे की जरूरत महसूस करते हैं और इसी प्रक्रिया में सम्बन्ध ठण्डे पड़ते चले जाते हैं।

युद्ध, स्वतन्त्रता और बाद के तेज़ी से बढ़ते औद्योगीकरण, शहरीकरण की परिस्थितियों में नारी के आत्मनिर्भर, आत्मनिर्णायक होने की नई स्थितियों ने उसके स्वरूप और मानसिक गठन को और परिणामतः पुरुष के साथ उसके सम्बन्धों को भी बदला है। नए परिवेश में सम्बन्धों में उभरते तनाव और द्वन्द्व को नए कथाकार ने बिना किसी आग्रह के खुली और साफ़, जीवन्त अभिव्यक्ति दी है। इस सन्दर्भ में 'एक धोखा और' (धर्मेन्द्रगुप्त), 'बीच की कड़ियाँ', (शशि प्रभा शास्त्री) 'फौलाद के आकाश', 'आखिरी सामान' (मोहन राकेश) 'ऊँचाई', 'तीसरा आदमी' (मन्नू भण्डारी), 'लवर्स' (निर्मल वर्मा) 'एक पति के नोट्स' (महेन्द्र मल्ला) आदि कहानियाँ देखी जा सकती हैं।

प्रयाग शुक्ल की 'सामान' और 'सड़क का दोस्त', रामनारायण शुक्ल की 'पासबुक', प्रबोधकुमार की 'आखेट', विजय चौहान की 'रजाई' ज्ञानरंजन की 'शेष होते हुए' जैसी कुछ कहानियाँ हैं जो भारतीय समाज के नए आर्थिक विकास में आदमी के परस्पर सम्बन्धों के खो रहे सूत्रों को रेखांकित करती है, जीवन के इस व्यापक अनुक्रम में नाता टूटता भी नहीं, शिथिल पड़ जाता है और पुराने सम्बन्धों का स्थान नए रिश्ते ले लेते हैं लेकिन ये नए सम्बन्ध तभी अपनी वास्तविकता और सार्थकता प्रतिफलित कर सकते हैं जब पात्र अपने आर्थिक और ऐतिहासिक परिदृश्य से सम्पृक्त होते हैं। यही कारण है कि आज की नई कथा-चेतना नारी पुरुष के आपसी सम्बन्धों के संक्रमण और संकट को ही चित्रित नहीं करती, या उन्हें अलग अलग स्थितियों में ही नहीं पकड़ती—उन्हें एक दूसरे से अलग होने और रहने की स्थिति में भी जाँच लेना चाहती है और पाती है कि मूल्यों का यह चतुर्दिक रूंधाव वहाँ कितना सांघातिक या निर्णायक है।

पुराने संस्कारों और नई परिस्थितियों में नारी पुरुष के अनेक टूटे सन्दर्भों के बीच अकेली होती गई है; निर्णय लेने का साहस और अनिर्णय की विवशता को आज की कहानी ने अधिक वास्ताविक भूमि पर सूक्ष्मता, वैविध्य और पूरी संवेदनशीलता के साथ रेखांकित किया है।

स्वावलम्बी होने की कोशिश में नारी ने जिस मुक्त आकाश का अनुभव किया है उसी में उड़ने की प्रक्रिया में सामाजिक भीतियों, मानसिक ग्रन्थियों और पुराने संस्कारों ने उसके पंख भी तोड़ दिए हैं। कभी पदोन्नति की आकांक्षा उसकी यौन धारणा को लचीला बनाती है, कभी परिवेश का अन्तर्विरोध उसे उसकी इच्छा के विरुद्ध झुकाता है, कभी स्वयं उनकी व्यक्तिगत माँग और अकेलेपन की यातना उसे बेबस बनाती है। बलकम राजेन्द्र यादव—बड़ा अनकहा दर्द है कि जो सामने है, उसे उन्मुक्त मन से ग्रहण नहीं कर पाती और जब वह निकल जाता है तो फिर फिर उसी क्षण में लौट जाना चाहती है।[6]

संस्कारों की दहलीज पर खड़ी, बाहरी परिवेश में अपनी शक्ति मापती तोलती और घर-बाहर के तनाव में तनती इस नारी को पुरुष और स्त्री कथाकारों ने अपने-अपने ढंग से अपनी कहानियों का विषय बनाया है, इस सन्दर्भ में उल्लेखनीय है—'परिन्दे' (निर्मल वर्मा), 'अनकहा' (शरद देवड़ा), 'क्षय' (मन्नू भण्डारी), 'तीसरा आदमी' (मन्नू भण्डारी), 'टेबुल' (रेणु), 'खेल' (राजेन्द्र यादव) 'सुहागिने', 'मिस पाल' (मोहन राकेश)', 'थर्मस में क़ैद कुनकुना

पानी' (रमेश बक्षी), 'पत्थरों में बन्द आवाज़' और 'एक सन्धि और' (शानी)। युग की संक्रान्त भीतरी बाहरी स्थितियों में नारी की स्थिति जटिल से जटिलतर होती जा रही है और नए कहानीकारों ने परिवेश के अनेक बिन्दुओं को आधार बना कर उसे अभिव्यक्त किया है।

स्वतन्त्रता के बाद का भारतीय जीवन आर्थिक दृष्टि से उच्च वर्ग मध्यवर्ग और निम्न वर्ग में बँट गया। मूल्य संक्रान्ति और भीषण विघटनों से मध्यवर्ग को ही सबसे ज्यादा संकट झेलना पड़ा। निम्न वर्ग और निम्न मध्यवर्ग को अर्थ के स्तर पर जीवन की वास्तविकताओं का कदम कदम पर साक्षात्कार करना पड़ा वहीं मध्यवर्ग के जीवन का यथार्थ बाहरी और भीतरी दोनों स्तरों पर संक्रान्त और जटिल होता चला गया। उच्च वर्ग की स्पर्धा में वह बाहरी आडम्बर के उपादान जुटाते-जुटाते भीतर से एकदम खोखला होता गया। ज़िन्दगी की गाड़ी खींचने की प्रक्रिया में मध्यवर्ग को अनेक स्तरों पर यातनाएँ और कुण्ठाएँ भोगनी पड़ीं। जीवन की सच्चाइयों से टकरा कर बार-बार टूटते अस्तित्व को बचाने और अपनी अस्मिता में विश्वास जुटाने में मध्यवर्गीय आदमी की जो मानसिकता बन गई उसे नई कहानी ने विविध कोणों से रूपायित किया है।

जीवन की आवश्यकताओं का संकट महानगरों, कस्बों और ग्रामों में सर्वत्र व्यापा अलग अलग तरीके से। जीवन के साधन जुटाने का संघर्ष कहीं राजनीति से टकराया, कहीं शोषक व्यवस्था से और इस सारे शोषण चक्र में पिस कर भी हारा हुआ आदमी भी जिन्दा रहा और जिन्दा रहने के लिए संघर्ष करता रहा—नई कहानी इसकी साक्षी है। सारी विडम्बनाओं में घिर कर भी जीवन के शेष राग के भले ही एक ही सुर को पकड़ कर उसने जीने की कोशिश की; मनुष्य की इस वृत्ति को परिवेश के यथार्थ परिप्रेक्ष्य में उभारा विशेष रूप से फणीश्वर नाथ रेणु ('रसप्रिया', 'सिरपंचमी का सगुन', 'संवदिया', 'प्रजासत्ता; 'तबे एकला चलो रे') 'शिवप्रसाद सिंह' ('नन्हों', 'इन्हें भी इन्तज़ार है) मार्कण्डेय ('गुलरा के बाबा', 'कल्यानमन', 'महुए के फूल') आदि ने।

बहरहाल सामाजिक समस्याओं से सीधे टकरानेवाला नई कहानी का यह परिदृश्य कहीं आर्थिक अभावों और उसके परिणामों का तो कहीं राजनीतिक विसंगतियों और व्यवस्थापरक विद्रूपताओं का, कहीं यौन केन्द्रित राजनीतिक और सांस्कृतिक विभीषिकाओं का और कहीं युद्ध और प्राकृतिक विपत्तियों में फँसे सिसकते आदमी का साक्षात्कार कराता है।

अमरकान्त, अमृतराय, भीष्म साहनी, मधुकर गंगाधर, मोहन राकेश,

कमलेश्वर, कामतानाथ, जितेन्द्र भाटिया आदि कथाकारों ने इन सामाजिक समस्याओं को उनके संक्रान्त बिन्दुओं की ईमानदार पकड़ के साथ व्यक्त किया है—इस सन्दर्भ में उल्लेखनीय है—'दोपहर का भोजन', 'डिप्टी कलक्टरी', 'असमर्थ हिलता हाथ' 'केले, पैसे और मूँगफली' (अमरकान्त), 'राजा निरबंसिया', 'देवा की माँ', 'तलाश' 'ऊपर उठता हुआ मकान' और 'कस्बे का आदमी' (कमलेश्वर)। आस पास के परिवेश गत यथार्थ की तल्ख़ी को सर्जना के स्तर पर 'विरोध', 'गिद्ध', 'बवण्डर', 'चमड़ी पर जमता मोम' (श्रवण कुमार) 'तथागत' (धर्मेन्द्र गुप्त) में अभिव्यक्ति मिली है। मध्यवर्गीय आदमी की ग़रीबी को उद्‌घाटित करनेवाली कुछ उल्लेखनीय कहानियाँ हैं 'खोटे सिक्के', 'सज़ा', (मन्नू भण्डारी) 'यह मेरे लिए नहीं', 'गुल्की बन्नों'(धर्मवीर भारती)', 'अभी तो मैं जवान हूँ' (भीष्म साहनी), 'एक मैं हूँ', 'आगत का भय' (धर्मेन्द्र गुप्त)। हिमांशु जोशी ने 'अभाव', 'सीमा से कुछ और आगे' में और 'दोपहर का भोजन' में अमरकान्त ने तथा 'जाँघ से बहता खून' में ओम प्रकाश निर्मल ने जीवन के अभावों को संवेदित किया है।

अकाल सूखा और भूकम्प जैसे प्राकृतिक प्रकोपों की स्थिति में आदमी एक ओर भूख, बेबसी, अपमान और अमानवीय ढंग से टूटते सम्बन्धों को झेलने को विवश है दूसरी ओर जमाखोर-स्वार्थी, व्यापारी अमानवीय तरीके से इन परिस्थितियों का फ़ायदा उठा कर अपनी तिजोरियाँ भरते हैं और राजनीति भी अपनी स्वार्थ पूर्ति के लिए निगतिशील तत्त्वों की पक्षधर बन मनुष्य और मनुष्यता के विरोध में जा खड़ी होती है। इस प्रकार इस सन्दर्भ से जुड़ी अभाव-ग्रस्तता, मूल्यों और सम्बन्धों की टूटन और सुविधा जीवी वर्ग के स्वार्थों का घनीभूत संवेदनीयता के साथ उद्‌घाटन करती नई कहानी एक और परिदृश्य अपने से जोड़ती है। 'निर्वासित' (अमरकान्त), 'पुरानी कहानी : नया पाठ' (फणीश्वर नाथ रेणु), 'माँ, सन्नाटा और बजता हुआ रेडियो' (रामदरश मिश्र) 'कोई आग' (डा. माहेश्वर) 'आग' (मनहर चौहान) और 'हालत' (सुरेश सिन्हा) इस सन्दर्भ में विशेष उल्लेख्य कहानियाँ हैं।

नई कहानी का अपने समय से जुड़ा एक और महत्त्वपूर्ण परिदृश्य है राजनीति का। जिस प्रकार मध्य युग के जीवन का यथार्थ धर्म से परिचालित था उसी प्रकार आधुनिक जीवन को परिचालित करनेवाली अत्यन्त महत्त्वपूर्ण शक्ति राजनीति है जो आज मानवीय नियति को गहरानेवाला एक क्रूर सन्दर्भ है। स्वातन्त्र्योत्तर राजनीति का इतिहास प्रजातन्त्र की आड़ में अप्रज़ातान्त्रिक और अमानवीय तरीकों से स्वार्थसाधन का भयानक इतिहास है। दलगत

राजनीति ने 'ग्राम कस्बा, महानगर सब जगह सामान्य आदमी के जीवन में बड़े ग़लत तरीक़े से घुसपैठ की। बकलम डा. रामदरश मिश्र 'इस प्रकार घर घर न रह कर कोई न कोई झण्डा बन गया और झण्डे खेत में, खलिहान में, हाट में, बाज़ार में, प्यार में, घृणा में, शादी-व्याह में, जीने-मरने में टकराने लगे और राजनीति का एक बड़ा की गन्दा, क्रूर, अमानवीय किन्तु अपरिहार्य प्रभाव देश पर छा गया।[7]

इस सन्दर्भ से जुड़ी कुछ महत्त्वपूर्ण कहानियाँ देखी जा सकती है—'जलवा' (फणीश्वर नाथ रेणु), 'चोरी के विधायक' (हरिशंकर परसाई) 'परमात्मा का कुत्ता' (मोहन राकेश), 'धरती अब भी घूमती है' (विष्णु प्रभाकर) 'दोने की पत्तियाँ', 'हंसा जाई अकेला' (मार्कण्डेय) 'एक वह', खण्डहर की आवाज़' (रामदरश मिश्र) और 'मौकापरस्त' (भीष्म साहनी)।

समकालीन जीवन की बहमुखी विसंगतियों को उद्घाटित करनेवाली नई कहानी का अपने युग से जुड़ा महत्त्वपूर्ण परिदृश्य है, विभाजन की पीड़ा का। भारत विभाजन असुरक्षा, त्रास और भय की प्रतिक्रियाओं के साथ अमानवीय क्रूर कृत्यों के सन्दर्भ भी अपने साथ समेटे हुए है जिसे विविध कोणों में पर्यवेक्षित करनेवाली नई कहानियाँ इस अवधि में सामने आई...'शरणदाता', 'लेटरबक्स', 'हिन्दू मुस्लिम भाई-भाई' (अज्ञेय) 'मलवे का मालिक' (मोहन राकेश) 'मेरा वतन', 'अगम अथाह' (विष्णु प्रभाकर) 'अमृतसर आ गया है' (भीष्म साहनी) 'पानी और पुल' (महीप सिंह) 'मुक्ति' (देवेन्द्र इस्सर), 'परदेसी' (बदी उज्जमाँ) और 'सिक्का बदल गया' (कृष्ण सोबती आदि)।

स्वतन्त्रता के बाद के कथासाहित्य में ग्रामजीवन एक अत्यन्त महत्त्वपूर्ण परिदृश्य के रूप में उभरता है। डा. विवेकी राय का कहना है—'स्वतन्त्रता के बाद का प्रथम दशक स्वतन्त्रता संग्राम के सिलसिले में लगाए गए गाँवों की ओर चलो' के सशक्त नारे से प्रभावित और उसकी अभिव्यक्ति जैसा लगता है क्योंकि स्वतन्त्र होते ही साहित्यकार अपने गाँव को, अपने अंचल को, अपनी उपेक्षित धरती को हाथों हाथ उठा लेता है।[8]

स्वतन्त्रता के बाद के जीवन में परम्परित मूल्यों के नकार के साथ मूल्यान्वेषण के नए आयाम उभरते हैं। ईश्वर, धर्म और सार्वभौम, काल निरपेक्ष मूल्यों को जो महत्त्व पहले दिया जाता था अब पूरे सोच के बदलाव के साथ उलटकर नए मूल्यों और परिवेश से जुड़कर कालसापेक्ष जीवन जीनेवाले मनुष्य पर केन्द्रित हुआ।

अनुभव किया गया कि गाँव भीषण संक्रान्ति काल से गुज़र रहा है, उसकी

इकाई का स्वतन्त्र घटक अब टूट कर विलीन होने जा रहा है। स्वतन्त्रता के बाद इस पर दो दशक के पड़े प्रभाव दो हजार वर्षों के बदलाव को संक्रान्त करने जा रहे हैं। उसका राजनीतिक-आर्थिक सांस्कृतिक और सामाजिक ढाँचा बदल रहा है। नगर जीवन का सम्पर्क गाँव से हुआ लेकिन इससे दोनों में दूरी बढ़ी ही, सुखद नैकट्य नहीं पनपा। संयुक्त परिवारों और उनकी मान्यताओं का टूटना, नई आर्थिक जीवन दृष्टि और अर्थ व्यवस्था का नवोन्मेष, राजनैतिक विचारधाराओं और राजनैतिकों का गाँव में प्रवेश तथा कृषि विकास आदि के साथ ही नगर सम्पर्क एवम् उससे उद्भूत मानसिकता का परिवर्तन ग्रामीण समाज की इकाई को विशाल प्रसार से जोड़ने लगा। सीधे दिल्ली का प्रभाव ग्राम और ग्रामवासियों पर पड़ने लगा।

परम्परा और आधुनिकता के दो ध्रुवान्तों के बीच लटका समकालीन ग्रामजीवन अनिश्चय की स्थिति में है—गाँव-गाँव नहीं रह गया और नगर होना अभी तक दुःस्वप्न है। सब अतियों के छोर पर खड़ा गाँव स्वातन्त्रयोत्तर विकास तन्त्र से उध्वस्त हो रहा है अथवा प्रतिष्ठापित हो रहा है कहना कठिन है। 'गाँव हमारे देश की बुनियादी इकाई है। नई पीढ़ी गाँव से विरक्त होती गई। शहर जिसकी ओर वह दौड़ी स्वयं संस्कारच्युत है। गाँधी ने सलाह दी थी कि गाँवों की ओर लौटो। हमारे स्वातन्त्रयोत्तर इतिहास ने प्रेरणा दी कि शहरों की चमक दमक की ओर भागो। गाँव से नई पीढ़ी उखड़ी, शहर उन्हें ठीक तरह से बसा नहीं पाया। अतः आज वे मानसिक रूप से बुरी तरह उखड़े हुए और दिग्भ्रमित हैं। पुरानी पीढ़ी गाँवों में पुराने खण्डहरों की तरह धीरे-धीरे धूल में मिलती जा रही है और गाँव से उखड़ा युग उन्हें भूल जाना चाहता है क्योंकि उसके लिए वह असंगत हो चुकी है।[9]

इस सन्दर्भ में आधुनिक बोध और नए शिल्प के साथ पहले दौर में ही आनेवाले अनेक कथाकारों ने ग्राम जीवन को अपना विषय बनाया।

कहानी जैसी संश्लिष्ट विधा में संवेदना या शिल्प किसी भी स्तर पर यद्यपि ग्राम कथा या नगर कथा जैसा विभाजन असंगत है तो भी ऐसे विवाद होते रहे। डॉ. शिवप्रसाद सिंह ने अपने लेख 'नई कहानी प्रगति और परिमिति' में इस समस्या को गाँव या शहर के विभाजन से हटाकर जातीय साहित्य के सन्दर्भ में उठाया है उनके अनुसार 'ग्राम कथा और शहर कथा शब्द बेमानी है।[10] 'इस दिशा में पहला प्रश्न यह है कि क्या हमारी कहानियाँ जातीय साहित्य की कोटि में रखी जा सकती हैं?'[11] जातीय साहित्य से उनका अभिप्राय असली अर्थों में उस देश-विशेष का साहित्य है जहाँ जनता के दुःख, संघर्ष इच्छाओं

आकांक्षाओं को अंकित करने का प्रयत्न हो और वहाँ की सांस्कृतिक विरासत को समझते हुए समाज और जीवन में संघर्षरत स्वस्थ और विकासशील तत्त्वों को प्रेरित किया जाए।

प्रेमचन्द का साहित्य इस कोटि का साहित्य था लेकिन उनकी सहानुभूति समाज के हर वर्ग के साथ थी वे अपनी आदर्शवादी और सुधारवादी नीति के कारण गाँवों को बहुत गहराई से विभिन्न आयामों की संवेदना के साथ देख न सके। स्वतन्त्रता के बाद की ग्राम कथा में गाँवों के उपेक्षित जीवन का बड़ा ही आत्मीयता पूर्ण चित्रण दिखाई पड़ता है कारण यह था कि वे कथाकार ठेठ गाँव से सीधे रूप से सम्बद्ध थे। गाँव के जीवन से सम्बद्ध नई कहानी को आँचलिक कहानी कह कर सीमित भी किया गया। वस्तुतः आँचलिकता एक अंचल विशेष के परिवेश को ही नायकत्व प्रदान करने पर प्रतिफलित होती है जबकि ग्राम-कथा अपेक्षाकृत अधिक व्यापक है और जीवन की संभावनाओं को अधिक व्यापक-परिदृश्य में देखने का अवसर यहाँ उपलब्ध है।

नई कहानी में जो ग्राम जीवन अभिव्यक्त हुआ, उसकी सबसे बड़ी विशेषता और उसकी महत्ता यह थी कि वह अपने व्यापक पट पर बहुआयामी था, कहीं वह यथार्थ परिवेश के अन्तर्विरोधों और समस्याओं के बीच मनुष्य की, जिजीविषा से बद्ध आस्था और प्राणमय राग का उद्घाटन करता है तो कहीं महानगरों से भिन्न तरीके से ग्रामजीवन में संक्रमित होते आधुनिक मूल्यों और नई सोच और इसकी प्रतिक्रिया में उभरते समर्थन और विरोधों के स्वरों को पूरी सच्चाई के साथ संवेदित करता है। 'आधुनिकता का भारतीय रूप इन्हीं वैविध्यपूर्ण जीवन बिंदुओं के भीतर से उनके संघर्ष के द्वारा उन्मथित हो कर उदित होगा। यहाँ व्याप्त अतिवादी गरीबी, जहालत, सामाजिक अन्याय, पारिवारिक विदीर्णता, अतृप्त लालासाएं, नैतिक अनैतिक संघर्ष, टूटती हुई धार्मिक आस्थाएँ, बिखरते हुए सम्प्रदाय किसी भी कथाकार के लिए चुनौती हो सकते हैं। इस परिवेश को पूरी अधुनिक संवेदना से समझ सकने का आधार सिर्फ किसी लेखक का अपना दृष्टिकोण ही हो सकता है।'

इसी परिप्रेक्ष्य में आंचलिकता आधुनिकता और यथार्थवाद के सम्बन्ध को समझना आवश्यक है। दुर्भाग्यवश अधिकांश हिन्दी कथा समीक्षा में शोधार्थियों से लेकर आलोचकों ने भी आंचलिकता को केवल स्थानीय, क्षेत्रीय संस्कृति, लोक तत्वों और भावप्रवण तरलता की सीमा रेखा में कैद कर दिया जबकि वास्तविकता यह है कि आंचलिकता इतनी सशक्त अवधारणा है जो

लेखकीय दृष्टि और स्थानीय दृश्य की प्रबलता से संश्लिष्ट होकर कथा के माध्यम से जीवन का यथार्थ अनेक स्तरीय सूक्ष्मताओं के साथ मूर्त करने में सक्षम है।

आंचलिकता पिछड़े स्थानों में घटित अवश्य होती है लेकिन लेखकीय दृष्टि जिन अनिवार्य ऐतिहासिक परिवर्तनों को वहां रेखांकित और संकेतित करती है वे वहाँ की धरती फोड़कर जिस यथार्थ की प्रस्तावना करते हैं और पुरानेपन, स्थिरता और जड़ता को तोड़ते हुए जिस बदलाव का साक्ष्य प्रस्तुत करते हैं वह निश्चित रूप से स्थानीय जीवन, समाज और व्यक्ति के पारस्परिक रिश्तों और समय के दबाव से उत्पन्न टकराहटों, तनावों और अन्तर्विरोधों को आंचलिक कथा विन्यास में पिरोने का प्रमाण देता है। अतः आंचलिक कहानी निश्चित रूप से शिल्प की प्रविधि मात्र नहीं है वह अपनी प्रस्तुति में स्थानीय रंग लिए हुए भी अपनी अवधारणा में उतनी ही आधुनिक और यथार्थ है जितनी अन्य कोई कहानी बल्कि दृश्य की घनीभूतता (इंटेंसिटी) आंचलिक कथा के यथार्थ को और अधिक विश्वसनीयता और प्रबलता प्रदान करती है।

ग्राम जीवन को यथार्थ परिवेश और संक्रान्तिकालीन स्थितियों के बीच विविध स्थितियों और पात्रों के माध्यम से पुनर्जीवित करनेवाले कथाकारों में फणीश्वर नाथ रेणु अग्रणी हैं। स्वातन्त्र्योत्तर काल में जो अन्य कथाकार विविधवर्णी ग्राम परिवेश और उसके यथार्थ को अपना कथ्य बनाकर चले उनमें उल्लेखनीय हैं—शिव प्रसाद सिंह, मार्कण्डेय, शानी, शैलेश मटियानी, अमरकान्त, शेखर जोशी, भैरव प्रसाद गुप्त, केशवप्रसाद मिश्र, ठाकुर प्रसाद सिंह, राँगेयराघव, विष्णु प्रभाकर, निर्गुण, रामदरश मिश्र, मधुकर गंगाधर, हिमांशु जोशी आदि।

ग्रामीण जीवन की यथार्थ संवेदना का प्रामाणिक स्वर 'सवा रुपए' (अमरकान्त) 'गदल' (रांगेयराघव) विघटन के क्षण, 'पुरानी कहानी नया पाठ', 'तीसरी कसम', 'रसप्रिया', (फणीश्वरनाथ रेणु) कोयला भई न राख (केशव प्रसाद मिश्र) 'कल्यानमन' (मार्कण्डेय) 'काला कौआ' (शैलेश मटियानी) 'सूखी मछलियों की गंध' (शानी)', 'चरमबिन्दु' (भैरव प्रसाद गुप्त), 'खण्डहर की आवाज', (रामदरश मिश्र) आदि में उपलब्ध हैं।

वस्तुतः ग्राम कथा नई कहानी का वह अत्यन्त महत्त्वपूर्ण परिदृश्य है जहाँ संक्रमित होती आधुनिक परिस्थितियों, विघटन, ह्रास और मारक अकेलेपन को पूरी अर्थवत्ता, युगबोध और प्रासंगिकता के साथ प्रतिफलित देखा जा सकता है। महानगर से सम्बद्ध आदमी के लिए मूल्यहीन स्थितियों में हो रहे विघटन

का एक रूप लगभग निश्चित है जिसे एक हद तक स्वीकार करके वह अपने पड़ोसियों से निरपेक्ष अपनी दो कमरों की ज़िन्दगी जी रहा है लेकिन ग्रामीण आदमी इन भ्रष्ट परिस्थितियों में विघटित नैतिकतावाले अपने आस पास के लोगों की सच्चाई जान कर भी अपनी दैनिक आवश्यकताओं को पूरा करने के लिए भी उन पर निर्भर है यह उसकी अनिवार्य विवशता है इसीलिए ग्राम कथा में आधुनिक जीवन के यथार्थ को अधिक सही परिप्रेक्ष्य में अभिव्यक्त करने की संभावनाएँ विद्यमान हैं और कथाकारों ने इन संभावनापूर्ण स्थलों को पहचाना है यद्यपि यह भी उतना ही सही है कि अनेक कथाकार सिर्फ़ 'लोकल कलर' देने के चक्कर में अपनी संवेदना में नितान्त सतही भी रह गए हैं। बकलम डॉ. शिवप्रसाद सिंह–इन सब त्रुटियों और कमज़ोरियों के बावजूद ग्रामकथा आज की हिन्दी कहानी की बड़ी सशक्त प्रवृत्ति है और उसकी देन को नकारा नहीं जा सकता। कम से कम उसने जीवन की स्वस्थता, संघर्ष, कुरूपता और सुन्दरता को इस रूप में उभारा कि दूसरी तरह की कहानियाँ लिखनेवाले भी व्यक्तिगत फ्रस्ट्रेशन से मुक्त हुए और खुले में साँस लेने लगे।[12]

स्पष्ट है कि दृश्य के इस व्यापक वैविध्य में विस्तार पाती हुई नई कहानी सृजन स्तर पर कहीं अधिक महीन हो गई है, पुराने कथा तत्त्व चरित्र और घटना, वातावरण और कुतूहल यहाँ नहीं मिलेंगे क्योंकि नई कहानी में पिछली नैतिकता और धार्मिक लगाव को बोध स्तर पर ही बहिष्कृत नहीं किया गया है, बल्कि अभिव्यक्ति के स्तर पर भी उसे नकार दिया गया है। नया कथाकार सेंसरहीन बोध और भाषा को लेकर कहीं अधिक साहस के साथ ठोस ज़मीन पकड़े हुए हैं। जीवन की अर्थहीन लगनेवाली छोटी-छोटी स्थितियों को उसने सार्थक सन्दर्भों में खोजा है और उन्हें सार्थक पाया है। उपेक्षित वस्तु को उसका दाय सौंपा है। उसके चित्रण में लिजलिजेपन और भावुक रोमान के स्थान पर तल्ख़ी है; यह तल्ख़ी जीवन की विसंगतियों के प्रति आक्रोश का भी परिणाम है। असल में वस्तु बोध ही अपनी आन्तरिकता से गुज़रते हुए जो मिजाज पकड़ लेता हे वही उसका शिल्प है, संवेदना से अलग इस संरचना की स्थिति और सत्ता नहीं है। चूँकि नई कहानी बनाई नहीं जाती वह लेखक में घटित होती है। लेखक उसे पूरे तौर पर झेलता हुआ उसे लिखने की विवश क्रिया से जुड़ जाता है इसलिए प्रतीक, संकेत और भाषा के स्तर पर उसमें जो भी प्रयोग हुए हैं, बदलाव आए हैं वे वस्तु के समानान्तर ही हुए है। जीवन समीप भाषा ही समीप जीवन बोध को सही प्रेषण दे सकती है, नई कहानी की भाषा इसी दिशा की यात्रा है।

जीवन के समानान्तर दृष्टि के बदलाव ने बोध और संरचना की दृष्टि से संश्लिष्ट नई कहानी को दृश्य के सन्दर्भों की जो वैविध्यपूर्ण दुनिया दी है वह सीमाओं में बद्ध नहीं है बल्कि संभावनाओं के क्षितिज का विस्तार करती है।

नई कहानी के इस परिदृश्य और ग्रामकथा तथा आंचलिक कथा के इस संदर्भ में रेणु के कथा लेखन पर विशेष चर्चा प्रासंगिक है।

रेणु ने लोठार लुट्से को एक साक्षात्कार के दौरान संबोधित करते हुए कहा था—

सारे हिन्दी लेखकों को...गांवों में भेजना चाहिए, एकदम! गांवों में किसानों के साथ काम करें—और किसी को 'उससे ज्यादा कुछ' करना हो तो खान में जरा भेजें।...ये हिन्दी के लेखक जो सब अपने को 'जनता' समझ बैठे हैं; जो सोचते है कि वे सब कुछ जान गए हैं, राष्ट्रभाषा उनकी हो गई है...और असल में इनकी गरीबी का हिसाब नहीं है। ये और कुछ जानते ही नहीं धान का पेड़ होता है या पौधा-यही ये नहीं जानते। मगर ये समस्याएं उठाएँगे किसानों की! समस्या उठाएंगे मजदूरों की। जिनसे इनका दूर का भी रिश्ता नहीं। लेकिन यह सब चलता है...'[13]

रेणु का यह कथन जीवन और समाज से उनके ईमानदार सम्बंध लेखन और साधारण मनुष्य के प्रति उनकी प्रतिबद्धता का खुला साक्ष्य है।

रेणु के लेखन में आंचलिकता का जो रूप मुखर हुआ उसने हिन्दी में ग्राम कथा और आंचलिक कथा को बहुत दूर तक प्रभावित किया। रेणु ने आंचलिक लेखन की संभावनाओं का इतना सर्जनात्मक उपयोग अपने लेखन में किया कि उनका लेखन ही प्रतिमान बन गया।

'रेणु की कहानियों का संसार आंचलिक भी है और शहराती भी है। पर तथा कथित 'आधुनिकता' से भिन्न उनका एक जातीय स्वरूप भी है। रेणु की आंचलिकता एक देशीय तत्त्व नहीं है। वह स्थानीय भी नहीं है। उसमें ग्रामांचलों की समस्त धड़कने कैद हैं। यही कारण हैं कि रेणु आंचलिक होकर भी स्थानीय नहीं रह जाते। प्रेमचंद से उनकी समीपता का रहस्य इस बात में भी छिपा है। रेणु ने सामाजिक मानवीय यथार्थ को आंचलिक दिखने वाली कथाओं में अवश्य बांधा है पर यह बंधन एक प्रकार का वैसा ही अनुशासन है जिसकी ओर कॉनरार्ड ने संकेत किया है।

अपनी कथा प्रक्रिया में रेणु आलोचनात्मक यथार्थवाद की सीमाओं को लांघते हैं। उनका साहितय इस अर्थ में सामाजिक यथार्थवादी साहित्य है कि

उसमें मात्र 'व्यवस्था' के तात्कालिक अन्तर्विरोध का ही आलोचनात्मक चित्रण नहीं है, बल्कि उसमें समस्त जनजीवन के दृष्टिकोण से परिस्थितियों और संबंधों के बदलाव की एक सशक्त भावधारा कार्य करती है।[14]

'नयी कहानी' आंदोलन अपने बाद आने वाले क्षणीजीवी, अल्पजीवी अनेक आंदोलनों से कहीं बहुत अधिक सार्थक और महत्त्वपूर्ण आंदोलन था क्योंकि उससे सम्बद्ध लेखकों ने बृहत्तर वास्तविकता को कहानियों की वस्तु और परिप्रेक्ष्य के रूप में प्रस्तुत किया। यथार्थवाद के बहुआयामी और खुले सुदृढ़ आधार पर नई कहानी की नींव डाली गई थी जो आधुनिकता की आधारभूत शर्त है। मनुष्य और समाज को उसके ठोस जीवन प्रसंगों से जोड़ने वाली यही आधुनिकता जब आग्रह का विषय बन गई तो वह अपने परिप्रेक्ष्य से विचलित हो गई। भारतीय जनजीवन से विलग हो कर अपने आग्रहों में बंधी आधुनिकता की संवेदना अपने इतिहास बोध से भी कट गई।

रेणु की कहानियां इन आंदोलनों आग्रहों और बदलते फैशन से परे मनुष्य के जीवन संघर्ष को उकेरती रहीं और सारे अवसादों, निराशाओं, टूटन विखराव, गरीबी, पिछड़ेपन और अशिक्षा से घिरे गांवों में रहने वाले मनुष्यों से बतियाते हुए रेणु उनकी जिजीविषा, आस्था और जीवन के अनुराग को बीन-बीन कर अपने अद्‌भुत पात्रों के गंवई मिज़ाज और तेवर धारण करने वाली भाषा में प्रस्तुत करते रहे। उनकी कहानियां ग्रामीण दीखती हैं लेकिन अपनी सारी रागात्मकता के भीतर वे समकालीन जीवन के अनेक पार्श्वों को उनकी सारी जटिलताओं और अन्तर्विरोधों के साथ प्रस्तावित करती हैं। इसीलिए समकालीन कहानी के परिदृश्य में रेणु की कहानियों पर पुनर्विचार की आवश्यकता हमेशा रहेगी।

'रेणु नें किस्सागोई' नहीं छोड़ी, कथा के रस के साथ कोई वंचनापूर्ण खेल नहीं खेला। फिर भी उनकी कहानियों में समकालीन भारत-वृहत्तर भारत से साक्षात्कार के अनेक रूप रूपान्तर हैं। प्रेमचंद के बाद रेणु अकेले लेखक हैं, जिनमें कथारस भी है और बदलते हुए यथार्थ से उत्पन्न तनाव की नाटकीयता भी है।'[15]

# संवेदना के पार्श्व

स्वातन्त्र्योत्तर भारतीय जीवन में मूल्यहीन अराजक स्थितियों का जो जंगल व्याप गया था; रेणु की कहानियाँ युगीन चेतना से सम्पृक्त होकर उसकी पर्तो के भीतर से आस्था, विश्वास, धर्म संस्कृति और परम्परा के अन्तर्विरोधों को उभारते हुए जीवन का विधान खोजती हैं और इस प्रकार पूरी ईमानदारी के साथ स्वातन्त्र्योत्तर जीवन के सत्य को साहित्य में अन्वेषित करने को प्रयास करती है।

**रेणु ने ग्रामीण जीवन की सीमाओं के भीतर अपनी रचना धर्मिता को निबाहने का अपेक्षाकृत अधिक अवकाश पाया।** एक ओर उन्होंने उपेक्षित ग्राम-जीवन के उस आदमी और उसकी जिन्दगी को अपना कथ्य बनाया जो अपने आस-पास ग़रीबी, पिछड़ेपन, जहालत, भ्रष्टता, शोषण, टूटन और बीमारी के बावजूद आस्था का काँपता सूत्र थामे संभावनाओं की खोज कर रहा है तो दूसरी ओर ग्राम जीवन में संक्रमित होती आधुनिक परिस्थितियाँ, शहर के प्रति गाँवों का रूझान, शहर जाने की विवशता और गाँव छोड़ने की तकलीफ़, तनाव, ग़लत तरीके से ज़िन्दगी को प्रभावित करती राजनीति यानी हर स्तर पर बदलते हुए परिवेश से बार बार टकराते जन का यथार्थ उनका विषय बने हैं।

रेणु की कहानियों के अनुभव तक पहुँचने के लिए उनकी दृष्टि को समझना आवश्यक है। रेणु के रचनाकार में **इतिहास बोध और व्यक्तिबोध अपनी प्रखरता में विद्यमान थे जिनकी परिणति मानवीय बोध में होती है।** यह बोध ही उनकी कहानियों को एक साथ पुरानी कहानी और अपने समकालीन अन्य कहानीकारों की कहानियों से अलगाते हुए वैशिष्ट्य प्रदान करता है। इतिहास यानी व्यक्ति से बाहर घटित होनेवाला सब कुछ और व्यक्ति अर्थात् इतिहास से अलग व्यक्ति की जैविक विवशताएँ उसकी जीवधर्मिता।

युग के संकट और व्यक्ति के मन दोनों को रेणु ने बहुत नजदीक से पूरी गहराई, व्यापकता और वैविध्य में देखा और जिया था इसलिए उनकी रचनाओं की दुनिया में हम व्यक्ति और इतिहास, पात्र और परिस्थिति को एक दूसरे से टकराते, क्रिया-प्रतिक्रिया, घात-प्रतिघात करते पाते हैं। प्रतिक्रिया और टकराहट के इस विशेष बिन्दु पर तनते हुए पात्र परिस्थिति और घटना एक दूसरे का सामना करते हुए, आघात झेलते हुए जीवन के अन्तर्विरोध को समझा जाते हैं, यही लेखक की दृष्टि है जो दृश्य के सारे फैलाव और वैविध्य में प्रतिफलित होती है।

जीवन के अन्तर्विरोधी विधान को उद्घाटित करनेवाली यह दृष्टि विसंगत स्थितियों के बीच जिजीविषा, सर्जना और राग की ईहा के सहारे बदलते परिवेश में आदमी के भीतर की मृत नहीं लेकिन मरणोन्मुख आदमियत को पकड़ती है और संगति की तलाश करती है क्योंकि जीवन की ऋणात्मक विघटित स्थितियाँ जितनी सच हैं उतना ही सच यह भी है कि इन स्थितियों के बीच बार-बार टूट कर भी हताश आदमी अपना सिर उठाता है, जीने के साधन जुटाने के लिए संघर्ष करता है और यह संघर्ष हर बार एक सा नहीं होता, संघर्ष की इस प्रक्रिया में बहुत कुछ पुराना छूट जाता है, बहुत कुछ नया सामने आता है जिसका स्वागत आदमी करता है, रेणु की दृष्टि सत्य के इन दोनों पहलुओं की चेतन पहचान रखती है।

व्यक्ति और इतिहास की चेतना की यह सन्तुलित उपस्थिति ही रेणु की कहानियों या अन्य रचनाओं को भी समाजवादी या मनोविश्लेषणवादी किन्हीं फ़ार्मूलों में बँटने और बँधने नहीं देती इसलिए रेणु की कहानियों को वर्गीकृत या विभाजित करना अत्यन्त कठिन जान पड़ता है क्योंकि यहाँ विषय से अधिक महत्त्वपूर्ण दृष्टि और एप्रोच है। तब ऐसी स्थिति में विश्लेषणात्मक अध्ययन करने के लिए दृश्य या विषय को ही आधार बना कर कुछ सीमा-रेखाएँ निर्धारित करनी होगी लेकिन इस सारी प्रक्रिया में यह बिल्कुल स्पष्ट होना चाहिए कि निश्चित रूप से रेणु अपनी कहानियों की संवेदना के विधान में आदर्शवादी नहीं है, उनकी अधिकांश कहानियों का कथ्य ताने-बाने के साथ अपने रंग में आँचलिक और स्वरूप में पूर्णतः यथार्थपरक है।

रेणु की कहानियाँ परिवेश से रू-ब-रू होते जूझते आदमी की जिस जिन्दगी को गाती हैं उसके विविध परिदृश्य अपने पटल पर संवेदनात्मक विधान के एकाधिक आयाम खोलते हैं। कहीं ये कहानियाँ शहर जाने और शहर को पूर्णतः स्वीकार न कर पाने की बेबसी के शिकार ग्रामीण आदमी की टूटन

का साक्षात्कार ग्रामगंधी परिवेश के पूरे बिखराव के बीच कराती है (विघटन के क्षण, उच्चाटन, आदिम रात्रि की महक, भित्तिचित्र की मयूरी) तो कहीं पिछड़े हुए पात्रों की अपनी ही भाषा और व्यवहार पद्धति से ज़िन्दगी के उस क्षण को पकड़ती और रेखांकित करती है जो सामाजिक, व्यावसायिक बँधनों की कसमसाहट के बीच समकालीन जीवन की भावात्मक दुःखान्तकी को आधुनिक संकट के रूप में संवेदित करते हुए रागात्मक सम्बन्धों की एक साथ मर्मस्पर्शी और अन्तर्विरोधी स्थिति समझा जाता है। (तीसरी कसम, रसप्रिया, संवदिया) कहीं स्वतन्त्रता के बाद के जीवन में चौतरफ़ा घुसपैठ करती भ्रष्ट राजनीति अपनी गतिशीलता, अमानवीयता और स्वार्थ की चक्की में पिसते शोषित मनुष्य की तक़लीफ़ प्रस्तावित करती है (आत्मसाक्षी, जलवा, पुरानी कहानी नया पाठ) तो कहीं दुनिया की भीड़ में चीजों से टकराता आदमी का भाव जो पार्श्वों का पूरा एक संसार रचना है (टेबुल, रेखाएँ वृतचक्र, अगिनखोर, नैनाजोगिन) कहीं आधुनिक परिस्थिति में पड़ कर अर्थहीन होता अतीत अपनी ट्रेजेडी में और अपना निर्णय स्वयं ले सकने की क्षमता की पहचान करती अपने हक़ के लिए अनेक स्तरों पर संघर्षरत नई पीढ़ी अपने बहुस्तरीय तनाव में आधुनिक यथार्थ को प्रतिफलित करते हैं (प्रजासत्ता, शीर्षकहीन, आजाद परिन्दे, हाथ का जस बाक का सत्त) और कहीं परिवेश के वैशिष्ट्य के भीतर ही पात्र और परिस्थिति अंचल विशेष की जिन्दगी की पर्तें **खोलते हुए रागात्मक सूत्रों की सृजनात्मक खोज करते हैं** (सिरपंचमी का सगुन, पंचलाइट, लाल पानी की बेगम, तीर्थोदक, तीन बिन्दियाँ) लेकिन इस सारे वर्गीकरण की सीमा रेखाओं को धूमिल करती लेखक की उस दृष्टि की खोज ही सभी कहानियों के अनुभव तक पहुँचाने में सक्षम होगी जो एक ख़ास क्षण में इतिहास और व्यक्ति को आमने सामने ला खड़ा करती है और एक दूसरे के परिप्रेक्ष्य में उन्हें जाँच लेना चाहती है। परिस्थितियों ने व्यक्ति को तोड़ा है। शहरी जीवन में यह टूटन जिस स्तर पर दिखाई देती है ग्रामीण जीवन का सन्दर्भ उसे बदल देता है। ग्रामीण जन इतिहास से जूझने, टूटने और उसकी शोषक शक्ति के सामने परास्त हो जाने की पीड़ा एकाधिक स्तर पर भोगता है इसी बोध को अनुभव की पूरी तात्कालिकता में रेणु की कहानी 'विघटन के क्षण' वहन करती है।

लेखक की दृष्टि पर्व-त्योहार, गीत-मंगल, पेड़-पौधों, खेत-खलिहान और सामाजिक मानवीय सम्बन्धों से बने भरे पूरे जीवन को ऐसी परिस्थितियों के सामने ला खड़ा करती है जो उसे तोड़ती, बिखेरती और सोखती हैं। यही विघटित होती ज़िन्दगी के उस अनुभव की पहचान का बिन्दु है जिसे गाँव

का सहज जीवन अपनी प्रकृति में और उसमें शहरी जिन्दगी का संक्रमित होता जटिल प्रभाव अपने अन्तर्विरोधी विधान में सघनता और गहराई प्रदान करता है।

एक ओर किसानों के गाँव रानीडिह का सामान्य जीवन है जहाँ बड़घरिया हवेली में रहनेवाले पात्र विजैया, चुरमुन और गंगापारवाली दादी हैं दूसरी ओर इसी हवेली के एकमात्र वंशधर रामेश्वर चौधरी एम.एल.ए. हैं जो 'छिटपुट जमीन' की हर साल बिक्री करके 'निझंझट' होकर पिछले कई वर्षों से पटना में रह रहे हैं। खुद काश्त की थोड़ी सी जमीन और बाग बगीचे बेच कर वे एकदम छुट्टी पा जाना चाहते हैं 'छुट्टी...माने इस रानीडिह गाँव से, अपनी 'जन्मभूमि' से कोई लगाव किसी तरह का सम्बन्ध नहीं रखना चाहते रामेश्वर बाबू...मजबूरी है।...अब राजेन्द्र नगर में घर बनवा रहे हैं...किन्तु अब गाँव रानीडिह लौटकर नहीं आ सकते। किसी गाँव में अब नहीं रह सकते।[16]

विजया के विवाह की समस्या एक ऐसा बिन्दु बन कर आती है जहाँ ज़िन्दगी की गतिशील स्थितियाँ व्यक्ति मन के विरोध में खड़ी होकर जीवन का अन्तर्विरोध अपने तनाव में खोल देती है—'जब से पटना जाने की बात तय हुई है अन्दर ही अन्दर वह टूट रही है...रजनीगंधा के डण्ठलों की तरह। वह पटना नहीं जाना चाहती।...कलेजा टूट टूक होने लगता है तो इमली का बूढ़ा पेड़, बाग, बगीचे, पशु-पंछी...सभी उसे ढाढस बँधाते हैं। एक अदृश्य आँचल सिर पर हमेशा छाया रहता है।...अपने बाप के 'डिह' पर वह टूटी मड़ैया में भी सुख से रहेगी। लेकिन...[17]

रामेश्वर बाबू गाँव में रह नहीं सकते और विजया गाँव की टूटी मड़ैया का सुख छोड़कर शहर जाना नहीं चाहती लेकिन जाना उसकी अनिवार्य बेबसी है। परिस्थितियों के इस दबाव में गाँव छोड़कर जानेवाला यह संवेदनशील मन शहर से अपने को जोड़ नहीं पाता परिणामतः विजया विघटन के क्षणों का अनकहा भयानक दर्द भोगती है। उखड़ने के इस दर्द को चुरमुन अपनी बाल प्रकृति और अतिरिक्त संवेदनशीलता से गहराती है। सभी एक-एक कर गाँव छोड़कर जा रहे हैं।...पिछले साल से ही होली का रंग फीका पड़ रहा है। आठ-नौ साल की चुरमुनियाँ की नन्हीं-सी-जान, न जाने किस संकट की छाया देख कर डर गई है।—क्या रह जाएगा?[18] उधर फुलकन की 'शहरी गप' गाँव के नौजवानों में नई कसमसाहट जगा रही है—गाँव छोड़कर शहर जाने, पैसा कमाने और बसने के लिए और इन सारी स्थितियों और पात्रों की क्रिया प्रतिक्रियाएँ उखड़ते गाँव की तस्वीर उकेरती चलती हैं। अगहनी धान के खेतों

की लाली, आलू के पौधों की हरी पत्तियाँ और सींची जाती गोभी पटना के 'रजिन्नर नगर' के 'गोलपारक' की रोशनी से रू-ब-रू होती है और इस तेज़ रोशनी में चौंधियाई आँखोंवाला आदमी इस टकराहट में भीतर और बाहर गाँव और शहर का अन्तर्विरोध समझा जाता है, बिखराव के दर्दनाक प्रभाव के साथ।

'उच्चाटन' एक दूसरी स्थिति में गाँव और शहर की टकराहट को प्रस्तावित करनेवाली एक नाटकीय कहानी है।

गाँव की गरीबी से ऊब कर दो साल पहले पैसा कमाने के लिए शहर भागनेवाला 'बिलसवा' शहर से पैसा कमा कर 'रामबिलास सिंघ' होकर लौटा है, लौटने के साथ गाँव के प्रति वहाँ के लोगों और उस जिन्दगी के प्रति उसका बदला हुआ रुख गाँव के सहज सामान्य जीवन में खलबली पैदा कर देता है। उसके बदले हुए व्यवहार के प्रति गाँव के जीवन में प्रतिक्रिया होती है—...बिलसिया घर लौटा है, रात में। ऐं? अब उसको बिलसिया मत कहना कोई! मिसर को 'भोरे भोरे' बेपानी कर दिया। बोला, 'बिलसिया मत बोलिए, रामबिलास कहिए। मिसर की नाक पर दो सौ रुपए का 'पुलिन्दा' फेंक दिया।...हाँ, उसके कुरता के पाकिट में 'लैसन्स' है, सरकारी मोहरवाला। पटना में 'रिक्शा डलेवरी' करता है तो सरकारी लैसन्स जरूर मिला होगा।...जानते हो? अपनी घरवाली को नाम धर कर बुलाता है—'ऐ झुमकी।'[19] यह एक कथन अपनी नाटकीय भंगिमा में एक दूसरे के प्रति प्रतिक्रिया करते गाँव और शहर की अन्तर्विरोधी स्थिति को खोलता है। राम विलास शराब, चाय और ताश के साथ शहरी जिन्दगी के किस्से सुनाता हे और अपनी अनुपस्थिति में गाँव में घटी घटनाओं को सुनता है। राम बिलास गाँव को शहरी नज़र से देखता है और गाँववालों की अपनी दृष्टि है अपने परिवेश और चिन्तन पद्धति की देन, लेकिन गाँव के सभी नौजवान रामविलास के मुँह से चटकदार पटनियाँ किस्सा सुन कर उसके साथ पटना जाना चाहते हैं। 'गाँव में कौन रहना चाहेगा भला।'

'उच्चाटन' कहानी अपने अन्त में अत्यन्त नाटकीय हो उठती है जब एक क्षण विशेष में रामविलास आकस्मिक रूप से गाँव में ही रहने और शहर न जाने का निर्णय लेता है और गाँववाले इस फ़ैसले पर तरह तरह की प्रतिक्रियाएँ व्यक्त करते हैं। यह निर्णय सम्बन्धों का एक सन्दर्भ खोलता है जिसके पीछे झुमकी और शिवधारी हैं जिनके सम्बन्धों के विषय में सन्देहग्रस्त रामबिलास अपने गाँव में ही रह जाने के बाद शिवधारी के भाग जाने की खबर से सन्तुष्ट है और पत्नी से अपने सम्बन्धों को सहजता से फिर धारण करता है। शहरी

जिन्दगी से उचटा रामबिलास भाव का एक नया पार्श्व खड़ा करता है जिसके साथ सम्बन्धों की शक्ति और शहरी जिन्दगी के सूखे झनझनाते सिक्कों का समानान्तर अहसास है। कहानी अपनी नाटकीयता में शहर और गाँव की जटिल टकराहट को धनीभूत करती है।

व्यवसाय से जुड़ी रेलवे की अस्थिर ज़िन्दगी और सहज ही गाँव के रूप, रस, शब्द स्पर्श, गंध के प्रति विशेष झुकाव, लगाव और सम्बन्ध महसूस करनेवाले व्यक्ति मन को आमने सामने एक साथ खड़ा करके 'एक आदिम रात्रि की महक' कहानी इनके पारस्परिक सक्रिय रिश्ते को एक दूसरे के परिप्रेक्ष्य में जाँचना और समझना चाहती है।

साकार अनुभवों को जीवित तात्कालिकता के साथ साहित्य में उपस्थित करके ऐन्द्रिक बोध जगाने के लिए रेणु विशेष रूप से चर्चित रहे हैं। 'एक आदिम रात्रि की महक' इस स्तर पर शब्दों से गन्ध का परिवेशन करते हुए जिन्दगी के सुरों को संवेदित करती है। 'गंध परिवेश' से रेणु की इसी कलात्मक विशेषता को रेखांकित करने की चेष्टा की गई है। वातावरण मूर्त्त भी हो सकता है और अमूर्त्त भी। विचार और भाव के प्रवाह का अंग बन कर वह एक प्रवहमान सत्ता की तरह पकड़ के बाहर भी जा सकता है। पर ऐन्द्रिय सत्ता के रूप में वह हमेशा हमारे लिए प्रत्यक्ष होता है। रेणु की कहानियों में जो यह प्रत्यक्षता है, वह वातावरण के मूर्त होने के कारण ही है। रेणु वातावरण को संगीत की ध्वनियों, लहरियों से भरकर हमें उदास करते हैं या उद्वेलित, उसे छाया छवियों में सजीव बनाकर हमें अभिभूत करते हैं या आतंकित; पर वातावरण गोचरता नहीं खोता, स्पर्श से बाहर नहीं जाता। चेतना के भीतर भी उसकी लहरियां उठती रहती हैं, स्मृतियों के साथ जुड़ी हुई और घटनाओं के प्रभाव के रूप में। उन्हें आप चाह कर भी कहानी से अलग नहीं कर सकते चाहे वह 'तीसरी कसम' हो या 'आदिम रात्रि की महक'।[20]

मस्तानबाबा, गोपाल बाबू, घोस बाबू, रामबाबू, सिंघजी, साहू बाबू अपनी-अपनी प्रकृति और व्यवहार पद्धति में लोगों की एक भीड़ खड़ी करते हैं, लखपतिया स्टेशन की बीरानी में भी पोखरों में आइने की तरह झलमलानेवाला पानी, वारिसगंज स्टेशन के बड़े बड़े मालगोदाम 'कोयला सिमेंट चूना की ढेरी', हज़ारों गाँठ पाट, लोगों की लगी रहनेवाली भीड़, मनिहारी घाट स्टेशन, रेलवे जिन्दगी की एक तस्वीर बनाते हैं—चीज़ों का ढेर खड़ा करते हुए, और अब हमेशा से ही अस्थाई ज़िन्दगी जीनेवाला घर परिवार-विहीन करमा अपने अकेलेपन के साथ अपने व्यवसाय से सम्बद्ध जिन्दगी की इस भीड़ और

आमदपुरा की सहज प्रकृति और जीवन की आदिम, जैविक गंध से एक साथ टकरा रहा है, लेकिन इस टकराहट में आदिमगंध के सशक्त पाश में वह बँध जाता है। एक खास क्षण में, जबकि उसे आमदपुरा छोड़कर अपने रिलिफ़िया बाबू के साथ दूसरी जगह जाना है, आकस्मिक रूप से वह आमदपुरा न छोड़ने का निर्णय लेते हुए कहानी को नाटकीय प्राणवत्ता देकर भीड़ भरी ज़िन्दगी और सहज आदिम रस गंधों के तनाव को पूरे पूरे दो परिवेशों के गुंथाव में धनीभूत कर देता है...न, आज रात भी करमा को नींद नहीं आएगी...करमा क्या करे? ऐसा तो कभी नहीं हुआ।...अचानक करमा को एक अजीब-सी गन्ध लगी। वह उठा। किधर से यह गंध आ रही है? उसने धीरे से प्लेटफार्म पार किया। चुपचाप सूँघता हुआ आगे बढ़ता गया।...रेलवे लाइन पर पैर पड़ते ही सभी सिंगल-होम डिसडण्ट और पैट जोर-जोर से बिगुल फूँकने लगे।...फेमिलीक्वाटर से एक औरत चिल्लाने लगी—'चो-ओ-आरे!' वह भागा। एक इंजिन उसके पीछे पीछो दौड़ा आ रहा है।...मगहिया डोम की छौंड़ी?...तम्बू में वह छिप गया।...सरसतिया खिलखिला कर हँसती है। उसके झबरे केश, बेनहाई हुई देह की गंध, करमा के प्राण में समा गई।...वह डर कर सरसतिया की गोद में...नहीं, उसकी बूढ़ी माँ की गोद में अपना मुँह छिपाता है।...रेल और जहाज के भोंपे एक साथ बजते हैं। सिंगल की लाल-लाल रोशनी... ।[21]

ऐतिहासिक परिस्थितियों और जैविक विवशताओं से परिचालित मानवीय सम्बन्धों से मिल कर, इन दोनों को साथ लेकर मनुष्य चलना चाहता है और इस प्रकार अपने सन्दर्भों को पूरापन और अर्थ देना चाहता है लेकिन तीव्र गति से चलती परिस्थितियाँ अपनी लपेट में घसीट कर उसे अन्तर्विरोधी स्थिति में ला खड़ा करती है। इस अन्तर्विरोध को प्रेम के विशिष्ट कोण से आँकनेवाली कहानियाँ हैं 'तीसरी कसम' और 'रसप्रिया'।

'तीसरी कसम' रेणु की सर्वाधिक चर्चित और लोकप्रिय कहानी है जिसके संवेदन तन्त्र का निर्माण हिरामन गाड़ीवान और नौटंकी नर्तकी हीराबाई अपनी अपनी व्यावसायिक दुनिया की परिस्थितियों और मन की सहज, विवश रागात्मक दुनिया के घात प्रतिघात के बीच तनते और पिघलते हुए करते हैं। एक विशेष स्थिति और विशिष्ट परिवेश ने हिरामन और हीराबाई के बीच जो सम्बन्ध सूत्र रचा है—वह अपनी प्रकृति में अत्यन्त कोमल और स्पर्शकातर है।

एक विशेष क्षण में इस साधारण से गाड़ीवान की बरसों से सोई दबी

लालसा पूरी हो गई है। हीराबाई कम्पनी की नर्तकी है लेकिन अपने चरित्र और व्यक्तित्व में विशिष्ट है। इस विशेष मुहूर्त में वह दुनिया की दुनियादारी और बाज़ारूपन से अलग मीता के सहज संवेदनशील मन की भाषा पढ़ लेती है। इस विशेष मुहूर्त का उपभोग दोनों ही अपने भीतर करते हैं—'हिरामन ने आँख की कनखियों से देखा, उसकी सवारी...मीता...हीराबाई की आँखें गुजुर गुजुर उसको हेर रही हैं। हिरामन के मन में कोई अजानी रागिनी बज उठी। सारी देह सिरसिरा रही है।[22] इस सारी स्थिति में परिवेश का एक-एक कतरा योग देता है। तेगछिया गाँव के बीच से हिरामन की परदेवाली गाड़ी निकलती है, गाँव के बच्चे ताली बजा-बजा कर रटी हुई पंक्तियाँ दुहराने लगते हैं—'लाली-लाली डोलिया में लाली रे दुलहनियां' और हिरामन के मन की तहें खुलती जाती हैं '...कितने दिनों का हौंसला पूरा हुआ है हिरामन का! ऐसे कितने सपने देखे हैं उसने।...वह अपनी दुलहिन को लेकर लौट रहा है। हर गाँव के बच्चे तालियाँ बजा कर गा रहे हैं। हर आँगन से झाँक कर देख रही हैं औरतें। मर्द लोग पूछते हैं, कहाँ की गाड़ी है, कहाँ जाएगी? उसकी दुलहिन डोली का परदा थोड़ा सरका कर देखती है। और भी कितने सपने...[23] हीराबाई हिरामन से उसकी अपनी बोली, गाँव की बोली में गीत सुनने की इच्छा व्यक्त करती है और हिरामन अपना प्रिय गीत महुआ घटवारिन सुनाता है। यह गीत सुना कर हिरामन अपना मन 'खलास' करता है और अनजाने ही दोनों के बीच पनपे सम्बन्ध को कोमलता से छूते हुए यह गीत इस सम्बन्ध को ट्रेजेड़ी को सघनता से गहराता रहता है। 'उसको लगता है, वह खुद सौदागर का नौकर है। महुआ कोई बात नहीं सुनती। परतीत करती नहीं। उलट कर देखती भी नहीं। और वह थक गया है तैरते तैरते।...[24] हीराबाई यह गीत सुन कर व्याकुल हो गई है। वह अपनी नियति से परिचित है, हिरामन के मन की बात वह समझती है लेकिन मन की इस दुनिया से अलग उसकी एक और दुनिया है व्यवसाय की दुनिया, हिरामन भी हीराबाई को हमेशा अपने पास नहीं रख सकता, उसकी अपनी मजबूरियाँ हैं वह एक साधारण गाड़ीवान है उसका अपना परिवेश है जिसके अपने ही अनुभव एक पूरा संसार रचते हैं। चोर बाज़ारी के माल और बाँस की लदनी वह नहीं लादता। पलटदास, लालमोहर, लहसनवा, घुन्नीराम उसके गाँव के ही रहनेवाले उसी के साथी गाड़ीवान हैं जो फ़ारबिसगंज के मेले में हिरामन और हीराबाई की साम्बन्धिक दुनिया के पार्श्वों से अनजाने ही टकरा कर तनाव को गहरा करते हैं।

नौटंकी की अपनी एक अलग दुनिया है और वहाँ भी हीरामन आहत

होता और आघात करता जीवन के अन्तर्विरोधी विधान को खोलता है। गाड़ीवान की यह दुनिया उसके अस्तित्व को बनाए रखने के लिए, जीवन का निर्वाह करने के लिए आवश्यक है और अपनी ज़िन्दगी चलाने के लिए नर्तकी हीराबाई का भी अपने व्यवसाय क्षेत्र में लौटना अनिवार्य है लेकिन इन सारी स्थितियों के बीच इस जैविक अस्तित्व को अर्थवत्ता और पूर्णता तो सम्बन्धों से ही मिलती है। मनुष्य सम्बन्ध और अस्तित्व दोनों को एक साथ बनाए रख कर चलना चाहता है। परिस्थितियाँ उसे ऐसे बिन्दु पर ला खड़ा करती है जहाँ वह इन दोनों में से एक को ही चुन सकता है लेकिन चुनाव की स्वतन्त्रता अर्थहीन हो जाती है जब मानवीय अनुभव को इतिहास अतिक्रमित करने लगता है। जैविक अस्तित्व और जैविक सम्बन्ध जीवन की मौलिक अनिवार्यताएँ होते हुए भी एक दूसरे के विरोध में खड़े होकर अपनी अपनी स्थिति समझाने लगते हैं।

परिस्थितियों व्यक्तियों और वस्तुओं से टकराते भाव, पात्र और घटनाएँ ऐंठते हुए, तनते हुए अनेक सन्दर्भ और पार्श्व खड़े करते हैं। हीराबाई और हिरामन अपनी स्थिति और परिवेश में कहीं भी आधुनिक दिखाई नहीं देते लेकिन प्रेम की जिस ट्रेजेडी को वे धारण करते हैं वह समकालीन परिस्थितियों में निर्वाह के जीवन के सामने मनुष्य के भावात्मक जीवन के परास्त हो जाने का और ट्रेजेडी में पर्यवसित हो जाने का आधुनिक संकट भी है। यहाँ एक नया पार्श्व खुलता है, हिरामन और हीराबाई प्रेम सम्बन्धों से अलग अपने अपने व्यवसाय द्वारा शोषित होते दिखाई पड़ते हैं। इतनी भीड़ से भरे हुए परिवेश में भी एक स्तर पर हीराबाई और हीरामन दोनों ही अकेले थे। मेले में, अपने साथियों के बीच और लौटती हुई सड़क पर भी हिरामन एक अजीब रिक्तता से भरा है। हीराबाई जाते हुए कहती है–'तुम्हारा जी बहुत छोटा हो गया है। क्यों मीता?...महुआ घटवारिन को सौदागर ने खरीद जो लिया है गुरुजी।[25] हिरामन फिर अपनी दुनिया में अकेला छूट गया है...'अब मेले में क्या धरा है। खोखला मेला।...उसने उलट कर देखा बोरे भी नहीं, बाँस भी नहीं, बाघ भी नहीं...परी...देवी...मीता...हीरादेवी...महुआ घटवारिन–कोई नहीं। मरे हुए मुहूर्तों की गूँगी आवाजें मुखर होना चाहती हैं। हिरामन के होंठ हिल रहे हैं। शायद वह तीसरी कसम खा रहा है...कम्पनी की औरत की लदनी...।[26]

हिरामन के अकेले छूट जाने की ट्रेजेडी, इस अकेलेपन में रिसते, तैरते उसके अभूतपूर्व राग के क्षण और समूचे परिवेश की एक दूसरे को काटती

जीवन की अन्तर्विरोधी रेखाएँ इस कहानी की संक्रान्त संवेदना को आकार देते हैं।

हमारे संवेदनों को जगाते हुए 'रसप्रिया' सन्दर्भों और पार्श्वों की एक पूरी दुनिया का साक्षात्कार कराती है जिसे अपना मृत अतीत यादों में संजोए मृदंगवादक पंचकौड़ी वर्तमान ज़िन्दगी में लोगों और चीज़ों की भीड़ से टकरा-टकरा कर खड़ी करता है।

पंचकौड़ी का एक जमाना था जो अब नहीं है लेकिन वह जमाना उसके भावजगत में उपस्थित है और मोहना, सोभा मिसर के बेटे, परमानपुर के बच्चों, गाँव के किसानों, खेत-खलिहानों और जेठ की नीरस, शब्दहीन, गीतहीन दुपहरी का सामना करते बिखर रहा है लेकिन बिखराव की इस प्रक्रिया में वर्तमान की तहें भी खोल रहा है।

पंचकौड़ी ने रमपतिया से प्रेम किया लेकिन उसका निर्वाह नहीं कर सका। रमपतिया पर आरोप और लाँछन उसने लगाया और संयोगवश उसी दिन मृदंग बजाते हुए उसकी उँगली टेढ़ी हो गई। स्वयं विजातीय होने के कारण रमपतिया को साथ लेकर चलने का खतरा न उठा कर उसने उसका विकल्प रसप्रिया के लिए, कला के लिए पूर्ण समर्पण में खोजना चाहा तो उँगली टेढ़ी हो जाने से उसकी मण्डली ही टूट गई, जिन्हें अपना बनाकर उसने कला सिखाई वे ही उसे अपमानित करके अकेला छोड़ गए। इस सारी विडम्बना को झेलता पंचकौड़ी अपनी और अपने मृदंग की अर्थहीनता को अनुभव करता है। वह महसूस करता है कि दुनिया बहुत जल्दी-जल्दी बदल रही है। रसप्रिया का गायक पंचकौड़ी बरसों बाद इस गाँव में लौटा है और ज़िन्दगी में रस खोजने की कोशिश करता है लेकिन देखता है कि लोगों के मन सूख गए हैं। कहीं कोई 'उछाह' बाकी नहीं है। वह मोहना को बेटा कह कर भरपूर प्यार करना चाहता है, अपना सारा स्नेह उस पर बरसाना चाहता है और मोहना उसके स्वाभिमान को आहत करते हुए उसे अपमानित करके भाग जाता है।

आहत विवश पंचकौड़ी जब मृदंग बजाकर सब कुछ भुलाने की कोशिश करता है तो आकस्मिक रूप से रसप्रिया का सस्वर, समारोह के साथ गायन रसप्रिया के इस रसिक को उन्मादी बना डालता है। यह बोध कि विशुद्ध रसप्रिया का गायक मोहना है भाव का एक महत्त्वपूर्ण पार्श्व खोलता है कि मोहना रमपतिया का ही बेटा है। मोहना का गायन वह बिन्दु है जहाँ अतीत-वर्तमान, जोधन गुरु, रमपतिया, अजोधादास, नन्दू बाबू, पंचकौड़ी का छल, पंचकौड़ी और रमपतिया का प्रेम सम्बन्ध सब एक साथ सांघातिक रूप

से इकट्ठे हो जाते हैं; एक दूसरे का सामना करते हुए भयानक क्रिया-प्रतिक्रिया करते हैं।

एक बिन्दु पर घटनाओं, पात्रों और परिस्थितियों की आपस में टकराती यह भीड़ जीवन का अन्तर्विरोधी विधान उद्घाटित करती है। ज़माने भर का व्यंग्य-विद्रूप सह कर भी पंचकौड़ी रसप्रिया गाना नहीं छोड़ता लेकिन मोहना के माध्यम से, जीवन के अत्यन्त महत्त्वपूर्ण क्षण का साक्षात्कार करके उसी रसप्रिया को छोड़ने का निर्णय लेता है, जिस रमपतिया के प्रिय अपने मृदंग को कुछ देर पहले छाती से लगा कर वह भावविह्वल होकर रो रहा था, मोहना के अनुरोध करने पर भी उसी रमपतिया से मिलने की बात टाल जाता है, ज़िन्दगी भर उसे लाँछित करके भी जीवन की इस सान्ध्य वेला में उसके गुणों को स्वीकार करता है। मोहना जिस पंचकौड़ी को थोड़ी देर पहले आहत करके भागा था उसी को अपनी माँ के सामने 'गुनी आदमी' कह कर स्वीकार करता है। मिरदंगिया को झूठा, बेईमान, धोखेबाज कहनेवाली रमपतिया उसके मृदंग की ध्वनि सुनकर ठोकर खाकर मेंड़ पर बैठ जाती है और मोहना की प्रशंसा से अतिरिक्त उसी 'मिरदंगिया से कुछ और सुनने की आकांक्षा लिए मोहना से पूछती है—'मिरदंगिया और कुछ बोलता था बेटा।—मोहना की माँ इसके आगे और कुछ नहीं बोल सकी।'[27]

सारी कहानी एक अजीब नाटकीय विधान के भीतर विडम्बना बने जीवन का अन्तर्विरोध अनेक स्तरों पर ध्वनित करती रहती है।

पारिवारिक विघटन के आधुनिक यथार्थ और गाँव की अपनी ज़मीन की गंध से जुड़े स्वाभिमानी मन को परिस्थितियों और लोगों के सामने रू-ब-रू खड़ा करके, संक्रान्त लेकिन अत्यन्त संवेदनशील सुरों के माध्यम से 'संवदिया' कहानी इसी अन्तर्विरोध को खोलती है।

बड़ी हवेली के मरे हुए समृद्ध अतीत को लिए वर्तमान से जूझते-जूझते बड़ी बहुरिया बिखर रही है। पति की मृत्यु और संयुक्त परिवार के विघटन ने बड़ी बहुरिया को अकेला और बेसहारा बना दिया है, 'बड़े भैया के मरने के बाद ही जैसे सब खेल खत्म हो गया। तीनों भाइयों ने आपस में लड़ाई-झगड़ा शुरू किया। रैयतों ने जमीन पर दावे करके दखल किया फिर, तीनों भाई गाँव छोड़कर शहर में जा बसे। रह गई अकेली बड़ी बहुरिया। कहाँ जाती बेचारी! बड़ी बहुरिया की देह से जेवर खींच-छीन कर बँटवारे की लीला हुई थी... ।[28] बड़ी हवेली की इस बड़ी बहुरिया के सिर पर समृद्ध परम्पराओं का मृत अतीत छाया रहता है लेकिन अपना जैविक अस्तित्व बनाए रखने के लिए उसे संघर्ष

करना पड़ता है, वह स्वयं मजदूरी करके पेट भरने में असमर्थ है और उसका सुसंस्कृत आभिजात्य अपने अधिकार के लिए टुच्चे, अमानवीय, स्वार्थी देवरों के सामने आवाज़ नहीं उठाने देता, अगर वह आवाज़ उठाए भी तो इतने सारे क्रूर स्वरों में उसका मानवीय स्वर विलुप्त हो जाएगा। इस सारे बिखराव को अभिव्यक्ति का सन्दर्भ देता है हरगोबिन संवदिया। भीतरी बाहरी संघर्षों से टूटी हुई, परास्त बड़ी बहुरिया अपनी माँ के पास सन्देश भेजती है सिसकियाँ लेते लेते—और कितना कड़ा करूँ दिल?...माँ से कहना मैं भाई भाभियों की नौकरी करके पेट पालूँगी। बच्चों के जूठन खा कर कोने में पड़ी रहूँगी, लेकिन यहाँ अब नहीं...अब नहीं रह सकूँगी।...कहना, यदि माँ मुझे यहाँ से नहीं ले जाएगी तो मैं किसी दिन गले में घड़ा बाँध कर पोखरे में डूब मरूँगी।...बथुआ साग खाकर कब तक जीऊँ? किसलिए...किसके लिए?'[29]

हरगोबिन संवदिया है, उसे एक एक शब्द याद करके संवाद उसी सुर और स्वर में कहना है जिसमें उसे सुनाया गया है लेकिन वह केवल संवदिया नहीं है; उसी गाँव का बाशिन्दा होने के नाते बड़ी बहुरिया से उसका एक रिश्ता भी है, वह बहुरिया के दर्द को समझता है। बाहरी परिवेश में जिन्दगी के बदलाव को लक्षित करता हरगोबिन संवाद कहने को प्रतिबद्ध हो कर बड़ी बहुरिया की माँ के घर पहुँचता है। लेकिन कहानी में ज़िन्दगी का नाटक घुस कर हलचल पैदा कर देता है। सम्बन्धों के अहसास से जुड़नेवाला मन और उसे बिखरा देनेवाले पारिस्थितिक सन्दर्भ एक दूसरे के विरोध में तन जाते हैं। तीव्र से तीव्रतर होते इस तनाव को हरगोबिन अपने मन में झेल रहा है, धारण कर रहा है। वह ऐसा करुण और विचित्र संवाद लेकर गया है लेकिन बहुरिया की माँ के सामने वह साफ झूठ बोल जाता है कि वह कोई संवाद लेकर नहीं आया—बड़ी बहुरिया की हालत का वह प्रत्यक्षदर्शी साक्षी है लेकिन पूछने पर कहता है कि उन्हें गृहस्थी के जंजाल से फुर्सत ही नहीं मिलती और सब कुछ राजी खुशी है।

वह संवदिया है लेकिन न डटकर खा पाता है और न उसे नींद आती है, उसका अन्तः संघर्ष उसे बेचैन किए हुए है। इस द्वन्द्व में रातभर डूबते-उतराते संवाद कहने का निश्चय भी करता है तो अनजाने ही विदा माँग कर चल देता है, उसके पास राह खर्च भी नहीं है लेकिन कटिहार के बाद बीस कोस की दूरी बेहोशी में तय करता है यथाशीघ्र बड़ी बहुरिया के पास पहुँचने के लिए और पहुँचते-पहुँचते बीमार हो जाता है।

कहानी अपनी नाटकीयता में इस तनाव को और भी ऐंठ देती है जब

संवाद न कह पाने के लिए माफ़ी माँगता हरगोबिन पाता है कि बड़ी बहुरिया संवाद भेजने के बाद पछता रही थी। तनाव की ऐंठन का यह बिन्दु भाव का एक नया पार्श्व खड़ा करता है। संवाद भेजने, ले जाने और एक ही तनाव को दो अलग-अलग स्तरों पर झेलने की यह प्रक्रिया मानवीय संवेदनशीलता के सूत्र से हरगोबिन और बहुरिया के बीच एक सम्बन्ध सेतु बनाती है जो हरगोबिन से बड़ी बहुरिया को 'माँ' सम्बोधन दिलाता है और उसे बेटे का दायित्व वहन करने की क्षमता देता है। तनाव की गहरी पीड़ा से गुज़र कर उपलब्ध किया गया यह सम्बन्ध सारी कहानी के भीतर व्याप्त अन्तर्विरोध को एक नई शक्ति देता है और कहानी की पृष्ठ भूमि में बिहाग राग की तरह आँचलिक गीत की यह टूटी कड़ी गूँजती रहती है–'पंइया पड़ूं, दाढ़ी धरूं हमरो संवाद ले ले जाहु रे संवदिया।'

आशा, आस्था, भावुकता, प्रेम और राग जैसे भावों को रेखांकित करके रेणु के कथा साहित्य को सामान्यः रूमानियत की परिधि में घेरा जाता रहा है लेकिन रचनाकार रेणु के विज़न (VISION) और कलाकार रेणु की कथा की विशेषता इस बात में है कि अपने रचना विधान में इतनी संगीतात्मक दिखाई पड़ने वाली ये कहानियाँ न केवल समकालीन यथार्थ के जटिल होते चले जाने की बहुस्तरीय और तीखी पहचान रखती हैं बल्कि संगीतात्मक रचना विधान के भीतर कंट्रास्ट करती ज़िन्दगी की सच्चाई अधिक गहरी और प्राणवान रेखाओं में उभारती हैं। 'पुरानी कहानी नया पाठ,' 'आत्मसाक्षी' और 'जलवा' राज़नीति के दृश्य पटल पर समकालीन जीवन को प्रस्तावित करने वाली इसी कड़ी की कहानियाँ है।

'पुरानी कहानी नया पाठ' की शुरूआत कारी कोसी की शाखा नदियों पनार, बकरा, लोहेन्द्रा और महानदी के दोनों कछारों पर भदई धान, मकई और पटसन के हरे भरे खेतों से घिरे पूर्णिया जिले के एक इलाके के आकस्मिक रूप से बाढ़ ग्रस्त हो जाने की सूचना से होती है–'सैंकड़ों लोग एक साथ चिल्ला उठे। भयातुर प्राणियों के कण्ठों से चीख निकलीं–'बा-आ-आढ़। अरे बाप!'

कहानी के केन्द्र में यह बाढ़ है। बाढ़ आकस्मिक और प्राकृतिक विपत्ति है, जो कई तरह से मनुष्य का नुकसान करती है, और इस विपत्ति से घिरा, त्राहि-त्राहि करता मनुष्य सहायता और सहानुभूति पाने का अधिकार रखता है लेकिन ऐसी करुण मानवीय परिस्थिति में भी अपने हित साधन के लिए मनुष्य द्वारा ही बनाई गई संस्थाएँ किस प्रकार स्वार्थ सिद्धि के लिए मानवीयता के ख़िलाफ जा खड़ी होती हैं और मनुष्य के सामने जटिल अन्तर्विरोध खड़ा

कर देती है; अनुभव के स्तर पर इसका साक्षात्कार यह कहानी कराती है। इस प्रकार मनुष्य विरोधी परिस्थितियों, पात्रों और घटनाओं को मानवीय परिस्थिति के खिलाफ़ तान कर यह कहानी मनुष्यता के बिखरे सुरों की खोज करती है।

इस बाढ़ ग्रस्त क्षेत्र के पराजित उम्मीदवार जनसेवक शर्मा इस परिस्थिति का इस्तेमाल अपने हित में करते हैं। बाढ़ग्रस्त जनता की सहायता से अधिक प्राथमिक सबसे पहले अपना 'स्टेटमेण्ट' देने की होड़ हो गई है। वे जिन शब्दों में अपना वक्तव्य अखबार के संवाददाता को देते हैं वह पतनोन्मुख स्वातन्त्र्योत्तर राजनीति की तहें खोलता है—सुनो। मैंने कितने बाढ़ग्रस्त गाँवों के बारे में लिखाया था? पचास? उसको डेढ़ सौ कर दो।...ज्यादा गाँव बाढ़ग्रस्त होगा तो रिलीफ भी ज्यादा-ज्यादा मिलेगा, इस इलाके को। अपने क्षेत्र की भलाई के लिए मैं सब कुछ कर सकता हूँ। और झूठ क्यों? भगवान ने चाहा तो कल तक दो सौ गाँव जलमग्न हो जा सकते हैं।[30]

बाढ़ ग्रस्त लोगों की सहायता सबसे पहले आवश्यक है लेकिन राजनीतिक पार्टियाँ रिलीफ़ कमेटी और विजिलेंस कमेटी बनाने के मसलों पर आपस में टकरा रही है। बच्चे भूख से बेहोश हैं, किसी की बेटी लबेजान है लेकिन अफ़सरों की 'कोर्डिनेशन मीटिंग' चल रही है और डाक्टर और नर्स 'इनडोर' आउटडोर' खेलों में मशगूल हैं, नावें आ रही हैं लेकिन उनमें सहायता सामग्री से पहले अलग-अलग झण्डे दिखाई पड़ रहे हैं। कस्बा रामपुर के व्यापारी चीन आक्रमण के समय हुए नुकसान की कमी पूरी करने में लगे हैं, बाढ़ से घिरी व्याकुल जनता उनके लिए 'सुभलाभ' का अवसर उपस्थित कर रही है, खुले हाथों रुपया लुटाया जा रहा है लेकिन रातों रात अनाज गोदामों में बन्द करके सरकारी ताले लगा दिए गए, बही खाते दुरुस्त कर लिए गए। भूख के सामने बेबस आदमी की मजबूरी का फ़ायदा उठाने की यह प्रवृत्ति समकालीन जीवन का एक क्रूर सन्दर्भ उद्घाटित करती है।

भूखी, प्यासी, शरण माँगती जनता के लिए राज्य की मौजूदा सरकार के खिलाफ अविश्वास प्रस्ताव की तैयारी और बाढ़ की इस विपत्ति के लिए अखबारों द्वारा अलग अलग कारणों को दोषी ठहराने जैसी जागरूक हरकतें अर्थहीन सिद्ध हो कर कहानी के तनाव को गहरा करती है।

राजनीति स्वार्थसिद्धि के लिए, अपनी सत्ता के लिए किस हद तक भ्रष्ट होकर मानवीय अस्तित्व को झुठला सकती है इसे जनसेवक शर्मा का व्यवहार साकार करता है...

"पचास टिन किरासन, दस बोरा आटा और चावल के साथ रिलीफ की नाव पनार नदी की बीच धारा में डूब गई।...लापता हो गई।' लेकिन जनसेवक जी का काम बन चुका है। सारे इलाके में उनका जय जयकार हो रहा है।'...चुनाव में हारने और चीनी आक्रमण के समय पिछड़ जाने की सारी ग्लानि दूर हो गई।...भगवान जरूर है कहीं न कहीं।[31]

लेकिन इस सारी भ्रष्टता और गलीज़ गन्दगी के बीच मनुष्य का एक स्वर है जो मिट्टी कीचड़ की प्रतिभा में प्राण प्रतिष्ठा का मन्त्र फूँकने की क्षमता रखता है। (स्वातन्त्र्योत्तर साहित्य में समकालीनता और यथार्थवाद के नाम पर जिसकी उपेक्षा की गई है) इस स्वर की पहचान इस कहानी में तनती टकराती मानवीय परिस्थिति और अमानवीय व्यवस्था के घात-प्रतिघात को और शक्ति देते हुए ज़िन्दगी को देखने की समग्र दृष्टि को प्रस्तावित करती है। धरती पर मरे हुए पशुओं की लाश, सड़ते-पौधों और कंकालों की दुर्गन्ध से भरी धरती की लाश पर 'सर्वहारा लोगों की टोली सिर झुकाए, बचे खुचे पशुओं को हाँकते, बाल-बच्चों, मुर्गे-मुर्गियों, बकरे बकरियों को गाड़ियों, बंहगियों और पीठ पर लाद कर अपने अपने गाँव की ओर जा रहा है, जहाँ न उनकी मड़ैया साबित है, न खेतों में एक चुटकी फसल। किन्तु उनके पैर तेजी से बढ़ रहे हैं। तीस-बत्तीस दिन के रौखवास के बाद उनके दिलों में अपने बेघर के गाँव और कीचड़ से भरे खेतों के लिए प्यार की बाढ़ आ गई है।...गाँव फिर से बस रहे हैं।[32]

रेणु ने इस दृष्टि की जो प्रस्तावना की है उसके सम्बन्ध में अज्ञेय उनके वैशिष्ट्य को रेखांकित करते हुए कहते हैं...'प्रेमचन्द का गाँव एक प्रच्छन्न आदर्श लिए है तो नए यथार्थवादियों के उपन्यास एक स्पष्ट और सम्पूर्ण निराशा लिए हुए—अरे, 'ग्राम-समाज' भी वैसा ही सड़ा हुआ है जैसे अन्य समाज और इसमें आशा के लिए कभी कोई गुंजाइश नहीं है। श्री लाल शुक्ल शिवप्रसाद सिंह और गोविन्द मिश्र तक के उपन्यास इसी हताशा और पराज्य भाव की गहरी छाप छोड़ जाते हैं। तो एक अकेले रेणु के उपन्यासों में गाँव की समस्त बुंराई, कमीनगी और गलाज़त के बीच एक अखण्ड मानवी विश्वास की चिनगारी सुलगती दीखती है।[33]

'जीवन की एक उद्दाम भावना उनकी कहानियों में सर्वत्र दिख पड़ेगी। उदासी के भीतर निरंतर वर्तमान प्राणशक्ति! यह अक्षय प्राण-शक्ति ही उदासी को सह्य बना देती है। निराशा के भीतर संचरणशील उत्साह धीरे-धीरे स्थायी हो जाता है। कहानियों का यह जीवित सत्य रेणु को अन्य कई समकालीन लेखकों की रुग्ण मानसिकता से अलग कर देता है।'[34]

सामाजिक और राजनीतिक जीवन के मूल्यों और मान्यताओं के बनने और बिगड़ने में वैयक्तिक जीवन स्थितियों की क्रिया, प्रतिक्रियात्मक भूमिका जीवन के सामाजिक वैयक्तिक और राजनीतिक पहलुओं की एक ही बिन्दु पर भीषण टकराहट, इस प्रक्रिया में विविध पार्श्वों का निर्माण; राजनीतिक मान्यताओं की आपसी टकराहट, देश सेवा के लिए समूचा जीवन समर्पित करनेवाले व्यक्ति और स्वार्थी निगतिशील तत्त्वों से गठबन्धन करती स्वातन्त्र्योत्तर भारतीय राजनीति के परस्पर आमना सामना होने पर विडम्बना झेलता समर्पित व्यक्ति और अपनी भ्रष्ट तहें खोलती उभारती राजनीति; इन सब परिपार्श्वों ने मिल कर 'आत्मसाक्षी' कहानी की दुनिया को बनाया है।

स्वतन्त्रता के बाद की जिन्दगी में घटित होता अजीब सा बदलाव देशसेवी और सोशलिस्ट पार्टी के प्रतिबद्ध, समर्पित कार्यकर्त्ता गनपत को चिन्तित कर रहा है, इधर कई वर्षों से गनपत को लगता है कि हर तरफ एक मनहूसियत घनी होकर छा रही है। कहीं किसी के मन में किसी बात के लिए उत्साह नहीं। आखिर यह रोग गनपत की 'पार्टी' को भी लग गया?'[32] गनपत के बलिदान के फलस्वरूप ही उसके गाँव में 'शहीद किसान आश्रम' बना है और इसी वजह से जिले भर में इसी क्षेत्र से विधान सभा का उम्मीदवार जीता है। गनपत गाँव के पार्टी आफ़िस की रखवाली करता है, उसी के सामने बिना उसकी जानकारी के स्वार्थी तत्त्वों से प्रेरित पार्टी दो खेमों में बँट जाती है। दोनों ही खेमों के लोग अपने-अपने ढंग से गनपत को अपमानित करते हैं और इसी प्रक्रिया में राजनीति के स्वार्थ-निस्वार्थ राजनीति और व्यक्ति की भीतरी बाहरी टकराहट के बीच समाज व्यत्ति और राजनीति जिनमें मौलिक और अनिवार्य सम्बन्ध हैं एक दूसरे के विरुद्ध तनते हुए अपने अन्तर्विरोधों को समझाते चलते हैं।

गनपत सबसे ईमानदार त्यागी और कर्मठ कार्यकर्त्ता रहा है लेकिन कामरेड चन्द्रिका तमाचा मार कर उसे मक्कार और गद्दार कहता है, पार्टी के बँट जाने पर दुखी गनपत के दुख का उपहास बागी बलराम करता है, गाँव का अधपगला लड़का उसके व्यक्तिगत जीवन को लेकर असभ्य भाषा में छींटाकशी करता है। विजातीय प्रेम सम्बन्ध के लिए गाँव समाज परिवार सब कुछ छोड़ देनेवाला गनपत वहाँ भी अपने को असफल पाता है और उसका विकल्प जिस देश सेवा में ढूँढ़ता है उसी के चलते उसे अपमानित हो कर अनेक स्तरीय टूटन का शिकार बनना पड़ता है। उसे अपमानित करनेवाले लोग खुद स्वार्थी हैं और जनता का हित भूल कर सब कुछ स्वार्थ सिद्धि के लिए ही

करते हैं। उनके सिद्धान्त और व्यवहार, विचार और आचरण के बीच जो गहरी खाई है उसे ज़िन्दगी भर सुनते रहने के बाद भी आज अपमानित होने के बाद गनपत अनुभव के स्तर पर समझ पाता है। 'माँ-बाप, भाई-बहन, समाज और परबतिया से भी बढ़ कर पार्टी और पार्टी के झण्डे को प्यार किया सब-बे-कार।...गनपत को लगता है पैंतीस साल से चढ़ा हुआ ज्वर आज उतरा है। इतने दिनों तक एक अंधसुरंग में वह चल रहा था, बेमतलब, बेकार, अकारथ।[35]

अर्थ हीनता का यह अहसास स्वतन्त्रता के बाद के जीवन का यथार्थ है। स्वतन्त्रता केबाद मोहभंग को श्रृंखला में निरन्तर कसता जाता आदमी अपने को अजीब तरह की रिक्तता और टूटन से घिरा अनुभव करने लगा था, भीतर-बाहर और बाहर-बाहर का अन्तर्विरोध तीव्रतर हुआ यह महसूस किया गया जिसने आदमी को हर स्तर पर तोड़ा—'गनपत को लगता है कि सूरज में भी दरार पड़ गई है। दुनिया की हर चीज़ उसे दो भागों में बँटी हुई सी लगती है। हर आदमी के दो टुकड़े, दो मुखड़े और दरका हुआ दिल।'[36] इस दरके हुए दिल को लेकर भी गनपत अपनी बिखरी शक्तियाँ समेट कर स्वार्थी तत्त्वों को मुँह तोड़ जवाब देने के लिए खड़ा होता है और चन्द्रिका और सिपाही दारोगा के सामने जनता को साथ लेकर आश्रम को हर स्तर पर अपनी व्यक्तिगत सम्पत्ति प्रमाणित कर देता है लेकिन सबके चले जाने के बाद मनः संघर्ष झेलता गनपत कुसुमी से आश्रय माँगते हुए आश्रम की धर्मदा ज़मीन लौटा कर राजनीति से संन्यास लेने का निर्णय लेता है। देख कर भी जीवन भर जिसके प्रेम को अनदेखा करता रहा उसी कुसुमी के प्रेम को ही अब अपने जीने की एकमात्र शर्त के रूप में स्वीकार करता है। आहत होकर बीमारी की सात दिनों की बेहोशी में वह अपनी सारी ज़िन्दगी पर पुनरावलोकन करता है अनुभव के स्तर पर, उस ज़िन्दगी का जिसका साक्षी वह स्वयं है। यही आत्मसाक्षी गनपत कुसुमी की झोंपड़ी तक जाते हुए अनुभव करता है...'गनपत ने एक बार उलट कर देखा। पार्टी का झण्डा बदरंग होकर भी फड़फड़ा रहा है, हवा में, उसे लगा कि वह खुद पार्टी का झण्डा है जिसे शोभित कन्धे पर ढो कर ले जा रहा है।[37]

राजनीति के जटिल दृश्य पटल पर अपना ताना-बाना बुननेवाली इन दो कहानियों की तुलना में 'जलवा' अपेक्षाकृत सपाट कहानी है यद्यपि यह भी अपने अनुभव में स्वतन्त्रता के बाद की राजनीति के साम्प्रदायिक और स्वार्थी होते चले जाने की प्रक्रिया में, मनुष्य द्वारा अपने हित के लिए बनाई

गई मनुष्यों की ही इस संस्था द्वारा मनुष्य के शोषण और मानवीयता के ठीक विरोध में खड़ी होनेवाली राजनीति और इसकी विडम्बना का शिकार बने ईमानदार आदमी के सक्रिय लेकिन ग़लत होते जा रहे रिश्ते को उद्घाटित करती है।

आज़ादी के पहले से ही फ़ातिमा दी काँग्रेस की ईमानदार और निष्ठावान कार्यकर्त्ता रही हैं लेकिन स्वतन्त्रता के बाद राजनीति की स्वार्थपरता भ्रष्टता और निगतिशीलता से मजबूर होकर राजनीति से संन्यास ले चुकी हैं। इस राजनीति के प्रति उनके मन में गहरा आक्रोश है जिसकी अभिव्यक्ति स्वातन्त्र्योत्तर राजनीति के यथार्थ का पर्दाफ़ाश करती है लेकिन कहानी के भीतर घुसती नाटकीयता राजनीति और व्यक्ति के तनाव को करुण परिस्थिति के भीतर गहराती है। कुलीन मुस्लिम नेताओं के बेटों की रहनुमाई में नेशनलिस्ट मुस्लिम कान्फ्रेंस के आयोजन के समय स्वार्थी और साम्प्रदायिक तत्त्वों की जो वीभत्स टकराहट प्रदर्शन के नाम पर सामने आती है उसका शिकार बनी वही फ़ातिमादी अपाहिज हो जाती हैं जो इस दंगे फ़साद को शान्तिपूर्वक रोकने की कोशिश करती है। राजनीति और नेतागिरी सचमुच भ्रष्ट हाथों में पड़कर सिर्फ़ जलवा बन कर रह गई है।

ऐतिहासिक परिस्थितियाँ ही मानव अनुभव को अतिक्रमित करते हुए अपनी सत्ता नहीं उभारतीं मनुष्य मन भी अपने दृढ़ आघातों से और भीतर की सारी शक्ति सहेजकर इतिहास की परिधियाँ लाँघ जाता है। ऐसी स्थिति में व्यक्ति मन इतिहास के विरुद्ध भीषण प्रतिक्रियाएँ करता है, मनुष्य का ही एक भाव दूसरे भावों से, दूसरे व्यक्तियों के भावों से और परिस्थितियों से भी टकरा-टकरा कर पार्श्वों की एक पूरी दुनिया बनाता है जो भीतर और भीतर और भीतर और बाहर के तनाव में ज़िन्दगी की पूरी तस्वीर संवेदित करती है। शास्त्रीय और रूढ़ शब्दों में कह सकते हैं कि मनोविज्ञान यहाँ जाने अनजाने अपनी भूमिका अपेक्षाकृत गहरी रेखाओं में निबाहता है। 'टेबुल' 'रेखाएँ और वृत्तचक्र' 'नैना जोगिन' और 'अगिनखोर' ऐसी ही कहानियाँ हैं। ये कहानियाँ कुछ विशिष्ट लेकिन हमारे आस पास ही कभी देखे, कभी अनदेखे पात्रों को उनकी विशिष्ट व्यवहार पद्धति के साथ परिवेश के जंगल में भटकने और टकराने को छोड़ देती हैं, इन पात्रों के मन की दुनिया बाहरी दुनिया से रू-ब-रू होते हुए इन कहानियों को रूप आकार देती है।

रेणु की चर्चित कहानी 'टेबुल' काण्टिनेण्टल कास्मेटिक्स एण्ड ड्रग्स लि. के पटना ब्रान्च आफ़िस की परिधि को अपना परिवेश बनाती है। आठ साल

की अवधि में ही डिस्पैच क्लर्क से एसिस्टेंट ब्रान्च मैनेजर के पद की दूरी मापती, सबको अपनी असंभावित पदोन्नति से आश्चर्य चकित करती मिस दुर्वादास अपने नए चेम्बर में घुसते ही समस्या खड़ी कर देती है। उसे चमचमाता हुआ बड़ा और नया टेबुल मिला है लेकिन वह आठ साल से जिस टेबुल पर काम करती आई है, उसके सिवा और किसी टेबुल पर बैठने की इच्छा नहीं होती। लगता है पराए के सामने बैठी हूँ।...असंभव।[38] टेबुल को लेकर दुर्बा की भावना से प्रेरित उसका व्यवहार असामान्य से असामान्यतर रुख लेता जाता है जो एक गम्भीर समस्या का रूप धारण कर लेता है। टेबुल एक ऐसा बिन्दु है जिससे टकरा-टकराकर दुर्बा के मन की दुनिया खुलती चली जाती है, अनुरंजनदास गुप्ता वर्तमान हैडक्लर्क का सामना करते हुए दुर्बा के मन की यह दुनिया अस्त-व्यवस्तता में बिखर-बिखर जाती है क्योंकि अनुरंजन सिर्फ हैड क्लर्क नहीं है उसके साथ वह ट्रेनिंग की एक वर्ष की अवधि भी बिता चुकी है, उस अवधि के व्यक्तिगत अनुभव इस समय टेबुल को लेकर उससे की जा रही बातचीत और उस समय की उसकी मनःस्थितियों में भयानक तनाव पैदा करते हैं लेकिन 'नहीं', उन स्मृतियों को पोंछ देना होगा—चौक से अंकित भूत क्षणों को परिष्कार कर देना होगा—मन पटल से। मन—एक काला बोर्ड।[39] अनुरंजन का तनाव अपनी योग्यता के उपयोग न हो पाने का है कि बोर्ड उसे असिस्टेन्ट ब्रान्च मैनेजर के पद के योग्य नहीं समझता। दुर्बा के मन की दुनिया और आफ़िस के तमाम कर्मचारियों से बनी आफ़िस की बाहरी दुनिया में टकराहट, क्रिया-प्रतिक्रिया बराबर होती रही है लेकिन दुर्बा की टेबुल को चैम्बर में पहुँचाने की माँग पूरे आफ़िस में खलबली मचा देती है। सभी उत्तेजित हो जाते हैं और यह घात प्रतिघात तीव्र हो जाता है...

'टेबुल आप हरगिज़ मत दीजिए साहब।'

'बहुत छोटे हृदय की है।'

'दिल में दया-माया का नाम नहीं।'

'किसी की नौकरी खाते समय भी ऐसी ही हँसी उसके चेहरे पर रहती है।'

'आखिर आदमियत भी कोई चीज़ है।'[40]

लेकिन दुर्बा इस सबसे अलग अपनी उलझन को ही सबसे महत्त्वपूर्ण मानती है—'सर सेण्टिमेण्टल कहिए या पागलपन मैं किसी को उस टेबुल पर नहीं बैठने दूँगी।

नहीं।[41] ट्रांसफर हो जाने की हालत में वह 'टेबुल' को अपने साथ ले

जाने और नौकरी छूट जाने पर उस टेबुल को कम्पनी से खरीद लेने की बात करती है। लेकिन व्यक्ति मन एक निर्जीव वस्तु से एक खास तरह का रिश्ता कायम करके सजीव मनुष्य की दुनिया के प्रति कितना क्रूर हो सकता है इसे कहानी अपनी घात-प्रतिघातमय प्राणवान नाटकीयता में वहन करती है। टेबुल दुर्बादास के कमरे में नहीं जा सकता क्योंकि नया टेबुल अनुरंजन के लिए उपलब्ध नहीं है और दुर्बा के नए टेबुल को रखने लायक जगह जनरल सेक्शन में नहीं है। किसी असामान्य परिस्थिति में ग्रन्थि और कुण्ठा का शिकार बनी दुर्बा सात दिन की छुट्टी लेकर इस समस्या का निदान खोजती है सबल सुपुरुष अनुरंजन को इस बात के लिए वचनबद्ध करके कि वह टेबुल समेत उसके चैम्बर में आ जाए ताकि दुर्बा के सामने वह टेबुल का इस्तेमाल अपनी इच्छानुसार कड़ाई से न कर सके। अनुरंजन उसके इस प्रस्ताव से कितना आहत है इसकी बिना रत्ती भर चिन्ता किए दुर्बा टेबुल में काँटी ठुकवाने और उसे डिस-इन्फ़ेक्ट कराने के लिए अनुरंजन को क्रूर कहती है। कहानी अपने अनुभव में तनती ही चली जाती है। दुर्बा स्वस्थ मना आफ़िस गई है क्योंकि अनुरंजन वचनबद्ध है लेकिन अनुरंजन लम्बे अवकाश और ट्रांसफ़र की माँग करता है इस आवेदन की अस्वीकृति की स्थिति में त्यागपत्र की स्वीकृति की माँग करता है। यह खबर फैलते ही एक ओर आफ़िस के बीसो टाइपराइटरों की खटपटाहट एक साथ बन्द होती है तो दूसरी और दुर्बादास इस सबसे निरपेक्ष अपना टेबुल पा कर प्रसन्न है, 'वह अपनी कुर्सी छोड़कर उठी। अपने प्रिय टेबुल के पास गई। कुर्सी पर बैठी। होठों पर अंकित मुस्कराहट खिलती ही गई।...त्यागपत्र दे या चूल्हे में जाए मूर्ख अनुरंजन गुप्ता...मेरा धरम बच गया...मेरी इज़्ज़त बच गई...तुम मेरे ही रहे...मेरे ही।...काँटा दूर हुआ। आह!![42]

दुर्बा का निर्जीव टेबुल को सजीव पुरुष के रूप में देखना और उससे वैसा ही सम्बन्ध रखना उसके असामान्यत मनः जगत को पूरी कहानी में ध्वनित करता रहता है। परिवेश के हर हिस्से के साथ-साथ अनुरंजन का सशक्त खुला हुआ व्यक्तित्व कुण्ठित दुर्बा के ठीक विरोध में खड़ा होकर दुर्बा के असामान्य रूप को उभारने और खोलने में सहयोग देता है।

पूरी कहानी सर्वांग सुन्दरी दुर्बा के कुरूप मन को गन्दे घाव की तरह अपने प्रभाव में वहन करती है जो कहानी के अनुभव पार्श्वों को आफ़िस के उस पूरे माहौल के सहज यथार्थ पहलुओं के साथ शक्ति और विश्वसनीयता प्रदान करता है।

निर्मल वर्मा ने रेणु को समकालीन हिन्दी साहित्य का सन्त कहते हुए

सन्त शब्द के सबसे मौलिक और प्राथमिक अर्थों के सन्दर्भ में रेणु के विषय में लिखा है–'एक ऐसा व्यक्ति जो दुनिया की किसी चीज़ को त्याज्य और घृणास्पद नहीं मानता–हर जीवित तत्त्व में पवित्रता, सौन्दर्य और चमत्कार खोज लेता है–इसलिए नहीं कि वह इस धरती पर उगनेवाली कुरूपता, अन्याय अँधेरे और आँसुओं को नहीं देखता बल्कि इन सबको समेटनेवाली अबोध प्राणवत्ता को पहचानता है।[43]

जीवन को उसकी सुन्दरता और कुरूपता के साथ अपनी हीनताओं और उपलब्धियों के साथ भरपूर स्वीकार की मुद्रा में 'रेखाएँ और वृत्तचक्र' कहानी अपने अनुभव में धारण करती है।

लोक जीवन के प्यार, दर्द, आँसू, हँसी और ज़मीन की सोंधी गन्ध का अपने गीतों में परिवेशन करनेवाला प्रसिद्ध लोक गीत गायक शिवनाथ पटना मेडिकल कालेज अस्पताल के सर्जिकल वार्ड में बिस्तर पर पड़ा है। शिवनाथ ज़िन्दगी को जिस अतिवादी ढंग से जीता है वह सामान्य नहीं है। ज़िन्दगी के जिस हिस्से को उसने अपने परिचित सभ्य समाज की दृष्टि से छिपाकर अति सीमाओं तक जिया है उसे किसी से न कह पाने का बोझ आपरेशन की बेहोशी के दस घण्टों के दौरान अभिव्यक्त होकर हल्के होने का अवसर पा जाता है। भीतर ही भीतर की यह लड़ाई ज़िन्दगी की जिन रेखाओं को खींचती है वह एक दूसरे को काटती हैं, जिन वृत्त-चक्रों में यह जिन्दगी घिरती है वे एक दूसरे में घुसपैठ करते हैं और इस प्रकार जिन्दगी की जो तस्वीर सामने आती है वह जीवन के पूरेपन को प्रस्तावित करती है।

बेहोशी की हालत में शिवनाथ बाहरी स्तर पर ज़िन्दगी और मौत से संघर्ष कर रहा है लेकिन उसके मन का संघर्ष भी दो स्तरों पर चल रहा है भीतर और भीतर की दुनिया के सामानान्तर ही कभी कभी उसमें घुसपैठ करता उसके भीतर ही चलनेवाला भीतरी और बाहरी दुनिया का संघर्ष जो आपस में एक दूसरे से टकरा कर पार्श्वों का निर्माण करते हैं; भीतरी और बाहरी टकराहट में तनती हुई रेखाओं तक हम शिवनाथ के स्वप्नों के माध्यम से पहुँचते हैं। ये स्वप्न शिवनाथ की सोच और जीवन के प्रति उसके रवैये को उद्घाटित करते हैं। युगीन संकट के प्रति उसकी प्रबुद्ध चेतना से प्रेरित स्वप्न एटामिक गड़बड़ी से आए वैक्वम के दृश्य को प्रस्तुत करता है वहीं उसकी भावुक कल्पनाशील दृष्टि स्वप्न में गंगा के इस पार से उस पार तक ऩीलजल पर सफ़ेद बतकों के जीवन्त पुल का निर्माण करती है; गीत कार जलधर, युवा विद्रोही कवि पुष्पलाल की जिस तरह की मौत का साक्षात्कार वह स्वप्न में

करता है वह सचमुच आत्महन्ता चिन्तन को प्रतीकित करता है। उसके अपने जीवन की स्वीकृति कहानी की रेखाओं में जीवन का अन्तर्विरोध खोलती है, उसे लगता है कि वह कन्फ़ेस कर रहा है लेकिन उसका सामाजिक ऐतिहासिक अस्तित्व इस कन्फ़ेशन को नकार रहा है—'तब मुझे अचानक गायब होने का बहाना मिल गया और करीब दस महीने तक काठमाण्डू, कामरूप कामाख्या और सिंहभूम के जंगलों पहाड़ों में एक नई सभ्यता, एक नए जीवन दर्शन का मसीहा बन कर आधा दर्जन देशी विदेशी लड़के-लड़कियों के साथ अलख जगाता फिरा...। यौनाचार...चीनाचार...बामाचार...।

साले। यह अस्पताल है, चर्च नहीं।

नहीं, नहीं मैं कोई कसूर कबूल नहीं कर रहा। मेरा मतलब है, मैंने कोई कसूर किया ही नहीं।'[44]

शिवनाथ अपने जीवन-विलास, धोखा-धड़ी, जालसाजी-कामचोरी, नशा दुष्टता, चरित्र हीनता, प्रेमसम्बन्ध, प्रेम, वात्सल्य, ममता, आस्था विश्वास सबको आस्तिकता और निश्छलता के साथ स्वीकार करता है इस स्वप्न में। इस प्रकार इन एक दूसरे का विरोध करते सपनों के माध्यम से वह अपनी पूरी ज़िन्दगी को फ़िल्म की तरह देखता है, अनुभव करता है, स्वप्न में ही झेला गया यह संघर्ष उसे जीवन को पुनः आस्तिकता से पूर्ण स्वीकार करने की क्षमता देता है, 'मुझे अब विश्वास हो रहा है, यह सपना ही है। और, इस सपने से अब निस्सार नहीं; छुटकारा नहीं। क्या होगा छुटकारा पाकर? अच्छा हो, गंगा के किनारे चल कर पानी में एक बार अपनी काया को जी भर कर निहारते हुए इस सुन्दर आवरण की स्तुति करूँ...जीवन भर दुनिया की हर चीज़ और हर व्यक्ति में अपना प्रतिबिम्ब खोजता रहा, देखता रहा, मुग्ध होता रहा।[45]

'अगिनखोर' कहानी का अगिनखोर यानी आभारानी राय के बेटे का विशेष और असामान्य मनः जगत् और उससे परिचालित उसकी व्यवहार पद्धति परिवेश, परिस्थितियों, व्यक्तियों और वस्तुओं से टकराकर अनुभव के पार्श्वों का एक पूरा संसार रचते हैं।

परित्यकता सुन्दरी आभारानी राय सूर्यनाथ को अपने बेटे का पिता घोषित कर सूर्यनाथ से अपने काम विह्वल रूप के तिरस्कार का प्रतिशोध करना चाहती है और अपने बेटे के भविष्य के लिए सूर्यनाथ का इस्तेमाल करना चाहती है लेकिन अपनी माँ के ठीक विपरीत बेटा सूर्यनाथ का इस्तेमाल अपने भावनात्मक धरातल पर करते हुए दो विरोधी स्थितियाँ खड़ी कर देता है। यह विद्रोही लड़का इतने दिनों तक सूर्यनाथ को अपना सबसे बड़ा दुश्मन मान कर

अपनी रचनात्मक संभावनाओं को सक्रिय करता रहा यानी भद्र, सभ्य, सुसंस्कृत साहित्यिक पिता के विरोध में अभद्र, असंस्कृत, असाहित्यिक व्यवहार पद्धति का अपनी जीविका के लिए कलात्मक इस्तेमाल करता रहा लेकिन संभावनाओं की इस दुनिया का विकास उसने जिस आधार पर किया, सूर्यनाथ से टकरा कर वह छिन्न भिन्न और अस्त-व्यस्त हो गया। इस स्थिति का बोध उसकी सारी शक्ति सोख लेता है कि सूर्यनाथ उसका पिता नहीं है। कवच कुण्डल हीन कर्ण सा परास्त डोग्लास सूतपुत्र कहता है...'इसी के सहारे मेरा सब कुछ...मेरी प्रेणाओं का मूलस्रोत ही अचानक सूख गया...।'[46] सेल्फ़पोज्ड लोनली रिबेल फायर ईटर का असामान्य मनोजगत् पूरी कहानी में ध्वनित होता रहता है और कल्पित पिता को दुश्मन मानकर विरोध के बल से प्रगति करनेवाले अगिनखोर की विडम्बनात्मक स्थिति और त्रासद अन्त को व्यंजित करनेवाली दयनीय स्थिति के भीतर से कहानी अनुभव की शक्ति अर्जित करती है।

गाँव और शहर की सन्धि रेखा पर खड़ी लड़की की विशिष्ट व्यवहार पद्धति और उसकी मन की दुनिया परिवेश, परिस्थितियों, व्यक्तियों और वस्तुओं से टकरा कर तनते हुए अनुभव परिपार्श्वों का जो संसार रचती है 'कस्बे की लड़की' कहानी उसे खोलते हुए उसकी ज़िन्दगी का अन्तर्विरोध हमें समझा जाती है। परिवेश से जूझती कस्बे की लड़की की ऊपर से सीधी लेकिन भीतर से संक्रान्त होती मनःस्थितियाँ जिन्हें वह खुद ही नहीं समझ पाती बड़ा विडम्बनात्मक चित्र बनाती हैं। कस्बे के स्कूल में पढ़ानेवाली सरोज दी की ज़िन्दगी उस स्कूल और उससे सम्बद्ध व्यक्तियों और वस्तुओं तक ही सीमित है जिनके सन्दर्भ उसे कभी-कभी शहर ले आते हैं। रिक्शे में जाते हुए प्रियव्रत से सट कर बैठना, चढ़ाई उतराई पर बार-बार उसकी कलाई पकड़ लेना, स्वयं के प्रति रामनिहोरा प्रसाद की प्रतिक्रियाओं का उल्लेख प्रियव्रत से करना, बार बार राम भाई की चर्चा, नैशनल पार्क में उसका स्वगत चिन्तन और प्रियव्रत से यह कहना, 'लल्लन जी तुम ठीक कहते हो। यहाँ आ कर आदमी जानवर हो जाता है कभी-कभी। हंःहंः'[47] यह सब कस्बे की लड़की की किसी ग्रन्थि की ओर संकेत करते हैं और सेक्स की यह अनभिव्यक्त भूख कस्बे की लड़की को अपनी वास्तविकता में दयनीय बनाते हुए कहानी के अनुभव की दुनिया को खरापन देते हैं।

एक ख़ास तरह के परिवेश में पली रतनी के व्यवहार और प्रकृति को गाँव के समाज की उपेक्षा ने मनोवैज्ञानिक कुण्ठाओं का शिकार बना कर असामान्य बना दिया है। 'नैना जोगिन' यानी रतनी के रूप में जिस चरित्र

की खोज रेणु ने परिवेश की संगति के साथ इस कहानी में की है वह अपने आप में इतना अद्वितीय है कि हम उसकी कल्पना भी न कर सकें लेकिन अपनी अस्मिता में वह अपने होने का दृढ़ विश्वास हमसे प्राप्त कर लेता है।

'रतनी उस माँ की बेटी है जिसने सिर्फ़ मुँह के जोर से पिछले ग्यारह सालों में पन्द्रह एकड़ ज़मीन अरजा है। पिछवाड़े में लीची के पेड़ हैं, दरवाजे पर नीबू। सूद पर रुपए लगाती है। दस पैसा हाथ में है और घर में अनाज भी इसलिए गाँव की जमींदारिन भी है वही।[48] ये पंक्तियाँ रतनी की घरेलू स्थिति आँकने के साथ गाँव की ज़िन्दगी की तस्वीर भी बनाती हैं यानी परिवेश यहाँ कुछ पहलुओं के साथ मूर्त हो जाता है। सात वर्ष की आयु में रतनी द्वारा भरी पंचायत में अपने वृद्ध मालिक की चरित्र हीनता की सप्रमाण व्याख्या एक ओर उसे और उसकी माँ को शक्ति देती है दूसरी ओर उन्हें समाज से अलग ला पटकती है यही कारण है कि रतनी के पूर्णयुवा हो जाने पर भी गाँव के किसी नौजवान की हिम्मत उससे आँखें मिलाने की नहीं हुई। उसको देखते ही आँखों के सामने पंचायत, थाना, पुलिस, फौजदारी, अदालत जेल नाचने लगते। दूसरों को इस तरह आतंकित करनेवाली रतनी विवाह न होने के कारण स्वयं एक स्तर पर आतंकित होकर, प्रतिक्रिया करती है और बाहर से मुँह जोर होते हुए भी भीतर से कुण्ठित हो जाती है। जबर्दस्ती घरजमाई बनाए गए पति से भी वह तुष्ट नहीं है इसलिए अपनी सारी शक्ति का इस्तेमाल उस समाज के विरोध में घात-प्रतिघात करके करना चाहती है जो उसे एक स्वस्थ पति नहीं दे सका।

रतनी ने जो अपना चित्र (इमेज) समाज के लिए बना लिया है, समाज उसके खिलाफ़ अपने ढंग से उस पर प्रहार करता है और रतनी अश्लील गालियाँ बकते हुए अपने उसी आहत व्यक्ति से समाज को आतंकित करती है। समाज और व्यक्ति मन के सघन तनाव का यह बिन्दु माधोबाबू और रतनी की टकराहट के रूप में उपस्थित होता है। रतनी से पिटे उसके घरजमाई पति को माधो बाबू द्वारा दी गई चेतावनी घर के नजदीक रह कर भी रतनी और उसकी माँ से चले आ रहे पुराने सम्बन्ध तोड़ लेनेवाले माधो बाबू और उसके परिवार के प्रति उसके दबे विद्रोह को उभाड़ जाती है। वह तरह-तरह से माधो को परेशान करना शुरू करती है। माधो को लगता है—'रोज ताल ठोक कर एक नंगी औरत पहलवान मुझे चुनौती देती है, थप्पड़ घूँसे चलाती है।[49]

वस्तुतः यह प्रहार अपनी समस्त शक्ति के साथ सिर्फ माधो पर नहीं पूरे समाज पर है। बाग में अमलतास तोड़ती रतनी माधो द्वारा अपनी कलाई

पकड़कर रोक लिए जाने पर कहती है...'यह तो पौधा है, जी तो आपको ही तोड़ देने को करता है...हाँ नैना जोगिन ही हूँ। तब? माधोबाबू मेरा क्या कसूर है जो बारह साल से बनवास दिए हुए हैं आप लोग। उस बूढ़े को करनी का फल चखाया तो क्या बेजा किया?...पाँच साल तक आप रतनी की माँ की गोद और आँचर में रहे, और आप की आँख में जरा भी पानी नहीं।...मैं जवान हुई, आप लोगों ने आँख उठा कर कभी देखा नहीं कि आखिर गाँव-घर की एक लड़की ऐसी जवान हो गई और शादी क्यों नहीं होती?...अब इस बार आए हैं तो कभी आपके मन में यह नहीं हुआ कि ढाई साल हो रहे हैं और रतनी को कोई बच्चा क्यों न हुआ?'[50] रतनी अपनी आपसी बातों को टालते हुए माधो के माध्यम से पूरे समाज से चुनौती भरा प्रश्न करती है—'बोलिए मैं पापिन हूँ? मैं अछूत हूँ? रण्डी हूँ? जो भी हूँ, आपकी हवेली में पली हूँ।[51] यही रतनी की दुखती रग है जिसके लिए वह समाज को ज़िम्मेदार मानते हुए निरन्तर हर स्तर पर उससे टकराती है, समाज और परिवेश की हर चुनौती स्वीकार करती है और निरन्तर अपने निश्छल, बेलाग, बेलौस व्यक्तित्व की शक्ति के सहारे समाज को चुनौती देती है। भले आदमियों के इस समाज से वह साफ़ शब्दों में पूछती है—'भला आदमी? भला आदमी? भला आदमी को 'पूंछ-सिंग' होता है?[52]

माधो बाबू के साथ अपने पति को लेकर अपना इलाज कराने शहर में आकर भी रतनी अपने ही ढंग से जीती है, उसकी शारीरिक स्थिति डाक्टरों को आश्चर्य में डाल देती है और वह कटिबद्ध है जो भी हो जब भी हो सन्तान लेकर ही घर लौटेगी। समाज को रतनी की कुण्ठाएँ अपने ही ढंग से तोड़ती हैं आहत करती हैं। समाज जिंस वजह से उसे अपमानित करके दूर ला पटकता है उसे ही शक्ति बना कर वह अश्लील गालियाँ देकर समाज से टक्कर लेती रहती है लेकिन इस सबसे अलग इस सशक्त पात्र की निश्छलता और उसकी कुण्ठा जनित पीड़ा उसे मानवीय सहानुभूति का अधिकारी बनाती है। सारी असामान्य स्थितियों के भीतर अपनी शक्ति और कमज़ोरी को बेलाग होकर व्यक्त करती रतनी विकृति और असंगति के बीच भी अपने को संगत सिद्ध करते हुए कहानी के अनुभव को शक्ति देती है।

स्वतन्त्रता के बाद के जीवन ने नई पीढ़ी को जो जागरूक चिन्तन शक्ति दी उसे लेकर नई पीढ़ी अनेक बिन्दुओं पर पुरानी पीढ़ी से टकराई। पुरानी पीढ़ी से आहत होकर भी उस पर भरपूर प्रहार करते हुए ज़िन्दगी के मौजूदा हालात में अतीत होती पुरानी धारणाओं को प्रश्नचिन्हित ही नहीं किया, तनने

और ऐंठने की इस प्रक्रिया में उन अर्थहीन पड़ती मान्यताओं को बिखेर कर उनकी असंगति समझाते हुए उनकी विडम्बना को भी रेखांकित किया। इसी दृश्य पटल पर अपने कथ्य का ताना-बाना बुननेवाली रेणु की कुछ कहानियाँ 'प्रजासत्ता' शीर्षकहीन', 'हाथ का जस और बाक का सत्त' महत्त्वपूर्ण है।

'प्रजा सत्ता' अपने निहायत अनाधुनिक पात्रों और अनाधुनिक परिवेश के बीच दो पीढ़ियों को एक ही बिन्दु पर एक दूसरे के विरोध में तनते हुए धारण करती है। परिस्थितियाँ, घटनाएँ, पात्र और वातावरण कुछ भी रूपरेखा और आकार में आधुनिक नहीं है लेकिन इन सबके टकराव से जो तनाव प्रतिफलित होता है, जो संकट और चिन्तन सामने आता है, वह अपनी प्रकृति में समकालीन यथार्थ को वहन करता है।

परिवार का सबसे बड़ा बेटा माँ बाप द्वारा इकट्ठी की गई सन्तानों की लम्बी फौज और उसके प्रति चिन्तारहित होकर अपने ऐश आराम के क्षण खोजते रहनेवाले उनके व्यवहार से परेशान है। अपनी पत्नी और माँ की टकराहट के प्रति उसका रवैया सामाजिक दबावों और व्यक्तिगत अधिकार इच्छा के द्वन्द्व से परिचालित है जो पीढ़ियों के तनाव को गहराता है। ससुराल और पति सुख से अपने माँ-बाप की लापरवाही और दायित्त्व हीनता के कारण वंचित विमला हर स्तर पर परिवार और बाहर के लोगों द्वारा शोषित होकर पारिवारिक जीवन और सम्बन्धों के अर्थहीन हो जाने का बोध गहराती है। परिवार के बड़े बेटे रामप्यारे की पत्नी की मृत्यु स्थितियों के नए पहलू खड़े करती है। पारिवारिक समस्याओं के प्रति माँ बाप का उपेक्षापूर्ण ठण्डा व्यवहार बेटे के मन में आक्रोश जगाता है लेकिन सामाजिक परंपरागत दबावों के बीच यह आक्रोश फूटना और व्यक्त होना चाह कर भी नहीं व्यक्त हो पाता लेकिन पत्नी की शहादत से पोषित होकर तनाव का एक ऐसा क्षण आता है जब रामप्यारे की सहन शक्ति जवाब दे जाती है यह आक्रोश अपने बड़े होने के अधिकार का साकार उपयोग करता हुआ अभिव्यक्त पा जाता है—'मैंने कड़े स्वर में माँ से कहा, 'तुम यहाँ इस तरह खड़ी क्या कर रही हो?' माँ ने सिर पर कपड़ा लिया और कमरे में चली गई, तुरन्त, डरती हुई। मुझे अच्छा लगा माँ का इस तरह डरना। विमला ने जल्दी जल्दी दरवाजा बन्द किया। बाहर की रोशनी बुझा दी गई। मुझे यह भी अच्छा लगा। किन्तु इसके बावजूद हुंकारकर कहा, 'मुझे यह सब बेहयाई एकदम पसन्द नहीं।[53] अपने अधिकार का उपयोग और अपनही सत्ता का अहसास तनते सम्बन्धों की ढीलता भी है—'कल माँ को सिनेमा दिखाने ले जाऊँगा। सिनेमा ही नहीं, 'तीरथ' में ही

ले जाऊँगा। माने विलसवा के साथ नहीं जाने दूँगा। नहीं, नहीं हरगिज नहीं।'[54] अपने होने की सार्थकता का बोध मन की दबी हुई इच्छा को खुलने का मौका देता है। रामप्यारे अब दो-दो मर्दों को धोखा देकर आई हुई जवान लड़की के कमरे के दरवाज़े पर 'ठक ठक'करना चाहता है। 'मैं सीढ़ियों से नीचे उतर रहा हूँ—चोर की तरह नहीं, एकदम निडर होकर। सिगरेट सुलगाया। खखासकर गला साफ किया।...मैं चाहता हूँ कि माँ, बाबूजी, विमला, निर्मला, सभी जाने कि मैं नीचे के उस कमरे में जा रहा हूँ।'[55] परिवार के भीतर-भीतर और परिवार और समाज, समाज और व्यक्ति, व्यक्ति और परिवार के परस्पर जूझने की प्रक्रिया में नई पीढ़ी अपने बूते पर जो सत्ता हासिल करती है उसकी सार्थकता और उपलब्धि का अहसास पूरी कहानी अपने बहुस्तरीय संक्रान्त टकरावों के बीच व्यंजित करती है।

'शीर्षकहीन' कहानी प्रेम सम्बन्धों को लेकर नई पीढ़ी की निर्णयात्मक भूमिका और पुरानी पीढ़ी की यौन कुण्ठाओं की टकराहट के बीच इस सन्दर्भ में नई पीढ़ी के बदले हुए रवैये और पुरानी पीढ़ी की अर्थहीन होती मान्यताओं को भावों और सम्बन्धों के जटिल पार्श्वों की दुनिया की परिधि में रेखांकित करती है।

तीन पत्नियों को छोड़कर अकेला रहनेवाला माथुर उम्र में बहुत बड़ा होते हुए भी रूमा के प्रति आकर्षण अनुभव करता है लेकिन उसे व्यक्त नहीं करता, उपयुक्त अवसर की प्रतीक्षा करता है, उसके प्रतीक्षा भाव को काटती हुई रूमा अरूप और अपने सम्बन्धों को लेकर एक नई दुनिया लिए हुए आती है नई संभावनाओं के साथ लेकिन इन संभावनाओं को सामाजिक दबावों के तले दवा अरूप खण्डित कर जाता है। इस बीच रूमा की माँ का माथुर के प्रति और अपने दव्बू पति के प्रति व्यवहार एक दूसरा पार्श्व खड़ा करता है, माथुर की हर पत्नी से उसकी पहली पत्नी की दिलखोल तारीफ़ करनेवाली रूमा की माँ उसकी तीसरी पत्नी लीला के भी चले जाने के बाद बिना हिचकिचाहट के माथुर के घर आना जाना शुरू कर देती है, लेकिन फिर यहीं अपनी ही माँ से टकराते हुए रूमा माथुर के साथ रहने का फैसला अकेले अपने बूते पर लेती है। रूमा और उसकी माँ का विरोधी व्यवहार इस साम्बन्धिक अन्तर्विरोध को गहराते हुए मन की जटिल दुनिया की ओर संकेत करता है। एक दिन सुबह रूमा की माँ का कथन...'यह मत समझो कि रूमा बालिग हो गई है और वह अपने मन की कर सकती है। यह मत समझो कि हम लोग चुपचाप बैठे रहेंगे। तुम्हें हथकड़ी पहनाकर जेल न भेजा, तो हमारा नाम नहीं।'[56] फिर शाम को आ कर कहना, 'मैं तुम से भीख माँगने नहीं आई हूँ। मैं तुमको चेतावनी

देने आई हूँ–मैं अपनी बेटी को जानती हूँ। उसके अन्दर कितना जहर है, यह भी जानती हूँ। वह कमला, रेणु का, लीला नहीं रूमा है। एक ही महीने में छठी का दूध याद करा देगी। समझे? वह बच्ची नहीं।'[57] उसके अपने मन की किसी ग्रन्थि की ओर इंगित करता है फिर माथुर के साथ रहने का निर्णय लेकर आई रूमा का कथन–'माँ आपको बहुत दिनों से प्यार करती है। वह आप पर नाराज नहीं हो सकती कभी।'[58] इन व्यक्तियों के जटिल मनः जगत और अन्तर्विरोधी सम्बन्धों, प्रतिक्रियाओं और व्यवहार पद्धतियों को रेखांकित करता है जिनसे संश्लिष्ट होकर यह कहानी रूप ग्रहण करती है, रूमा की माँ की स्थिति इस सारी प्रक्रिया में विडम्बना वहन करनेवाली है।

'हाथ का जस बाक का सत्त' विशुद्ध ग्रामीण परिवेश के पिछड़ेपन में अब भी अर्थहीन अतीत से चिपके जग्गू बैद और वर्तमान परिस्थितियों में स्वयं को प्रासंगिक और सार्थक सिद्ध करते उसके बेटे रसिक लाल की मान्यताओं और प्रतिक्रियाओं की भीषण टकराहट से गुज़रते हुए आधुनिक युग का संकट अपनी पर्तों में वहन करती है।

लोकप्रियता के चरम शिखरों को छूने वाला अतीत आज छिन्न-भिन्न और अर्थहीन होकर भी जग्गू वैद के भाव-जगत में अपनी उसी चकाचौंध के साथ विद्यमान है, किसी विशेष परिस्थिति और मनःस्थिति से प्रेरित बूढ़ा जग्गू बेटे और बहू की उपेक्षा की प्रतिक्रिया में एक जवान पहाड़िन के साथ अपना घर बसाता है और गाँव भर में बदनामी और उपहास का केन्द्र बनता है उसे अपने हाथ के जस पर भरोसा है जिसे वह उपयुक्त पात्र को सौंपना चाहता है। रसिकलाल ने उसे अपमानित करके कष्ट पहुँचाया है जिससे वह इस हद तक आहत है कि उसे अपना बेटा मानने से इन्कार कर देता है और ग्रन्थि का शिकार बन जाता है, वह इसी प्रतिक्रिया में समाज और परिवेश के सारे सम्पर्कों, सन्दर्भों से कट कर चहार-दीवारी के भीतर अपनी एक अलग दुनिया रचता है।

यह विसंगत आशा और विश्वास उसे जीवित और स्वस्थ रखे हैं कि वह पहाड़िन से उत्पन्न अपनी भावी सन्तान को अपने हाथ का जस सौंपेगा और अपने बाक के सत्त को प्रमाणित करेगा। उसके इस कल्पना जगत के अन्तर्विरोध को यह तथ्य और गहरा करता है कि गाँव में और गाँव से बाहर भी उसके बेटे रसिकलाल ने वर्तमान सन्दर्भों में अपने को सार्थक करते हुए अपने हाथ का जस प्रमाणित कर दिया है। विश्वसनीय और अनुभव की शक्ति लिए जग्गू वेद का अतीत वर्तमान स्थितियों में उसे सोख रहा है, एक अजीब

विडम्बना का पात्र जुगुप्सा जगाते जग्गू को बना रहा है लेकिन अन्तर्विरोध तो यह है कि यही विडम्बनापूर्ण अतीत ही उसे आज जीने की शक्ति दे रहा है लेकिन असंगत सिद्ध हो रहे जग्गू के जीने का कोई अर्थ शेष नहीं है। घृणा के पहलू अपने पास पास, खड़ा करता जग्गू, गाँव भर और अपने ही बेटे के उपहास का केन्द्र बना जग्गू अपनी ग्रन्थियों से घिर कर जो भयानक दुःखान्तकी भोग रहा है राग-द्वेष, यश-अपयश, आलोचना-प्रशंसा, सुख दुख की संश्लिष्टता से बने परिवेश के भीतर तैरती रहती है।

दृश्य के वैविध्य में जीवन के जटिल और अन्तर्विरोधी होते जा रहे स्वरूप को उद्घाटित करती इन कहानियों से अलग 'रेणु' की कुछ ऐसी भी कहानियाँ हैं जहाँ पूरा परिवेश ही अपनी विशिष्ट रेखाओं से कहानी का कथ्य बुनता है परिवेश के वैशिष्ट्य में व्यक्ति, परिस्थिति, घटना और वस्तुओं के आपसी रिश्ते खुलते जाते हैं। 'सिर पंचमी का सगुन', 'लाल पान की बेगम' और 'तीन बिन्दियाँ, रेणु की ऐसी ही कहानियाँ हैं।

आस्था, विश्वास, रीति-रिवाज, खेत-खलिहान, हल-फाल, पेड़-पौधे, खुरपी, सिलवट-लोढ़ा से बने ग्रामीण परिवेश के बीच 'सिरपंचमी का सगुन' अपनी अन्तर्यात्रा तय करती है।

ऐन सिरपंचमी के दिन ही सिंघाय का सगुन कालू कमार उसका फाल टेढ़ा करके बिगाड़ देता है। फाल के टेढ़े होने की घटना के साथ ही भावों की एक दुनिया झनझना कर प्रतिक्रियात्मक रूप से खुल जाती है। अपना सगुन बनाने के लिए कोई भी किसान शोषित सिंघाय के प्रति सहानुभूति नहीं दिखलाता, सब कालू कमार का ही समर्थन करते हैं, अपमानित सिंघाय के सामने कोई चारा ही नहीं है, सिरपंचमी के दिन टेढ़ा हुआ फाल कोई भी लुहार कहीं भी ठीक नहीं करता कि सिरपंचमी के दिन सगुन बिगड़ने का अर्थ खेती से संन्यास ही लेना होता है एक तरह से लेकिन सिंघाय की इस निराश दुनिया के समानान्तर उसकी पत्नी माधो की माँ इस समस्या का निदान ढूँढ़ कर ऐसे पार्श्व खड़े करती है जो सिंघाय की दुनिया को कई स्तरों पर काटते हैं, द्वन्द्व करते हैं।

गाँव के लोग सिर पंचमी के पूजन के अवसर पर एकत्र हैं। सभी सिंघाय का नया चमचमाता फाल देखकर चकित है और सिंघाय ने मुट्ठी भर अक्षत लेकर पूजा की। पूजा करने में उसने जानबूझ कर ज़रा देर कर दी।...इस शुभ घड़ी को 'पसर' कर उपभोग न करे वह।[59] सिरपंचमी की रात में होरी गाते सिंघाय के गले में सबसे ज्यादा रस था लेकिन इसी रस को ज़िन्दगी से

यही गाँव वाले सोखते हैं...'गाँव के स्त्री-पुरुष, सिंघाय और उसकी स्त्री की गतिविधि पर सतर्क दृष्टि डाले बैठे हैं।...सगुन शुभ कैसे हुआ? माधो की माँ ने हाट में नई चोली खरीदी है। माधो का कुरता बाघ छाप कपड़े का है। माधो की माँ चार घण्टे तक पुल के पास बैठती है, मिस्त्री लोगों के पास। जिसने बिगड़े सगुन को शुभ किया उसका मन तो रखना ही होगा। आध सेर दूध का दाम तीन घण्टे पर मिलता है भला। सिंघाय बेखबर है। कड़े पानी का फाल है उसका। खूब गहरे जोतता है। खेती में कड़ा होने से क्या, घर गृहस्थी में तो मिट्टी का लौंदा हुआ जा रहा है यह सिंघाय।'[60] द्वन्द्व झेलता सन्देही सिंघाय रेलवे मिस्त्री के व्यवहार से अपना सन्देह पुष्ट पाता है और एक ही साथ अन्तर्विरोधी स्तर पर प्रतिक्रियाएँ करता है—रेलवे मिस्त्री और पत्नी से प्रतिशोध लेने के लिए अपना ही अपमान करनेवाले कालूकमार से व्यापार के आधार पर सन्धि करता है। रात भर लोहे के टुकड़े पानी से बीनने के बाद पत्नी को मारने के लिए पहुँचा सिंघाय नाटकीय प्रतिक्रिया का शिकार हो जाता है—उसकी पत्नी की आँखों में चमकती निश्छलता और विश्वास की रोशनी उसका सन्देह धो डालती है।

इस प्रकार सिरपंचमी के सगुन के विशिष्ट वातावरण और गाँव के पूरे परिवेश की ज़मीन पर विरोध झेलते आदमी द्वारा ज़िन्दगी का आस्तिक स्वीकार कहानी का अनुभव बनाता है। जो मनुष्य के भीतर की पवित्र, शुभकर, उदार मानवीयता को परिवेश की तमाम विरोधी स्थितियों के बीच भी खोज सके, उसे कहानी का अनुभव बनाता है।

ग्रामीण समाज के पूरे रचनातन्त्र को, परिवेश और परिस्थिति के माध्यम से रूपायित करते हुए कई स्तरों पर जीवन की द्वन्द्वात्मक स्थितियों को 'पंचलाइट' कहानी सामने लाती है।

'गाँव में सब मिलाकर आठ पंचायतें हैं। हरेक जाति की अलग-अलग सभा चट्टी है। सभी पंचायतों में दरी, जाजिम, सतरंजी और पेट्रोमेक्स हैं—पेट्रोमेक्स जिसे गाँव वाले पंचलाइट कहते हैं।'[61] पंचलाइट वह केन्द्र बिन्दु है जिससे फिसल फिसल कर गाँव की ज़िन्दगी अपनी बन्द तहें बिखरा कर अपने को समझा जाती है। कहानी बिखराब की इस प्रक्रिया में लोगों के चीजों के प्रति, ज़िन्दगी के प्रति सोचने के रवैये को उद्घाटित करती चलती है। सामाजिक, धार्मिक, आर्थिक स्थितियाँ प्रस्तावित होती चलती है। पंचलाइट विज्ञान और आधुनिकता का प्रतीक बन कर आता है लेकिन वह गाँव में विज्ञान विरोधी रूढ़ियों, अंधविश्वासों से टकरा कर द्वन्द्व और तनाव का कोण उपस्थित

करता है।

गाँव वाले पंचालइट के प्रति स्वागत का भाव लिए उत्साहित है लेकिन इस उत्साह में भी अपने रूढ़िवादी विश्वासों को भूलते नहीं, 'बिना नेम-टेम के कल-कब्जे वाली चीज का पुन्याह नहीं करना चाहिए।[62] इस सबके बावजूद जड़बद्धता, स्थितिशीलता और ग़लत व्यवस्थाओं को तोड़ने में विज्ञान अप्रत्यक्ष ही सही लेकिन अपनी भूमिका अदा करता है ज़रूर। जाति से बहिष्कृत गोधन से ही पंचलाइट जलवाकर जाति की इज्जत बचाना इसे संकेतित करता है। परिवेश के हिस्से के रूप में मुनरी और गोधन के सम्बन्ध ग्रामीण जीवन की अभिव्यक्ति को सघनता देते हैं। कहानी की संवेदना को निर्मित करता है परिस्थिति और पात्रों का पारस्परिक रिश्ता। आदमी की ज़िन्दगी में आदर्श भी है, कड़वापन लिए यथार्थ भी है, रंगीन सपने भी हैं, उनके पूरा न हो पाने का दुख भी; आस्था, अंध विश्वास रूढ़ियाँ, रीति रिवाज सब परिवेश और जिन्दगी का अंग बन कर आते हैं।

आत्मगर्विता लाल पान की बेगम बैलगाड़ी में बैठ कर बलरामपुर नाच देखने जाना चाहती है, उसकी ज़िन्दगी का एक बड़ा सपना है यह। नाच के दिन गाड़ी की प्रतीक्षा की अवधि गाँव की ज़िन्दगी, पात्रों की मनःस्थिति और व्यवहार पद्धति को लालपान की बेगम यानी बिरजू की माँ के स्वगत चिन्तन और उसकी प्रतिक्रियाओं के माध्यम से आकार देती चलती है। बिरजू की माँ प्रतीक्षा के दौरान लम्बा मनः संघर्ष और तनाव झेलने के बाद बैलगाड़ी में बैठकर नाच देखने जा रही है, इस समृद्धि से मिला आत्माभिमान उसके तनते हुए मन को फैलाव देता है, संकुचित सीमाओं को मिटा कर औदार्य देता है जो अब तक के उसके भावजगत और व्यवहार का नया पार्श्व खोलता है...जंगी की बहू को जिससे वह चिढ़ती है, अपना दुश्मन समझती है, प्यार से अपनी गाड़ी में बिठा कर ले जाती है, और भी लोग जिन्हें वह अपनी समृद्धि से ईर्ष्या करनेवाला समझती है, उन्हें अपनी उदारता की छाया देती है। जंगी की बहू के व्यवहार को तर्क संगत सिद्ध करती है अपने मन में। जंगी की बहू के गौना की साड़ी, कड़वा तेल और लठवा सिन्दूर की महक में उसका मन खो जाता है। वह तृप्त है–पूर्ण तृप्त, पति ने उसकी बरसों की इच्छा पूरी की है वह सोचती है–'बिरजू की माँ बेगम है, लाल पान की बेगम! यह तो कोई बुरी बात नहीं। हाँ वह सचमुच लाल पान की बेगम है।'[63]

ऐसी स्थिति का विधान 'लाल पान की बेगम' कहानी खेल-खलिहान, सर्वे, बकरी, बैल, नाच, मेला, बिरजू की माँ, बिरजू का बाप, बिरजू चम्पिया,

भखनी फुआ, जंगी की बहू, लरेना की बीबी और राधे की बेटी सुनरो, यानी वस्तुओं और व्यक्तियों की भीड़ खड़ी करती है, यह भीड़ अर्थहीन ढेर नहीं है, इन वस्तुओं और व्यक्तियों के बीच जो सक्रिय सम्बन्ध है, वस्तुओं का पारस्परिक सम्बन्ध, व्यक्तियों का पारस्परिक सम्बन्ध और व्यक्तियों और वस्तुओं का सम्बन्ध। यही सम्बन्ध स्थितियों, पात्रों और वस्तुओं के एक स्थान विशेष पर अपनी विशिष्टताओं के साथ मिलने की प्रक्रिया में 'लाल पान की बेगम' कहानी का रूपाकार धारण करता है।

यह गाँव की पूरी ज़िन्दगी है जहाँ मान-अभिमान, लड़ना-झगड़ना, प्यार समझौता, ईर्ष्या द्वेष और फिर भी एक दूसरे पर निर्भरता सभी कुछ है। सर्वे के दौरान संघर्ष करके बिरजू के बाप ने तीन-चार बीघे जमीन ली है जिस पर धान और पाट की खेती होती है, स्वभावतः बिरजू की माँ में इस समृद्धि ने गर्व और अभिमान जगा दिया है और गाँव की दूसरी औरतों को इससे ईर्ष्या है। यही वह बिन्दु है जहाँ बिरजू की माँ और दूसरी औरतें तनाव की स्थिति पैदा करते हुए गाँव की ज़िन्दगी की एक तस्वीर बनाते हैं,...सभी जलते हैं उससे, हाँ भगवान दाढ़ीजार भी।...दो बच्चों की माँ होकर भी वह जस-की तस है। उसका घरवाला उसकी बात में रहता है। वह बालों में गरी का तेल डालती है। उसकी अपनी जमीन है। किसी के पास एक धूर ज़मीन भी अपनी है इस गाँव में। जलेंगे नहीं, तीन बीघे में धान लगा हुआ है, अगहनी। लोगों की बिखडीठ से बचे, तब तो।'[64]

इन विश्लेषित कहानियों के अलावा भी रेणु की कुछ कहानियाँ हैं जो हास्य व्यंग्य और व्यक्तिगत निबन्ध के रूप में कहानी के नए आयाम संकेतित करती हैं लेकिन कथ्य या फिर शिल्प की दृष्टि से भी वे रेणु की रचनात्मक कथा दृष्टि और समकालीन जीवन के लिए प्रासंगिक अर्थ छवियों का साक्षात् न कराने के कारण बहुत अधिक महत्त्व नहीं रखती—ये कहानियाँ हैं...'अतिथि सत्कार', 'ना जाने के भेष में,' 'जड़ाऊ मुखड़ा', 'मन का रंग', 'अक्ल और भैंस,' 'दसगज्जा के इस पार', 'अग्नि संचारक', काक चरित, 'आजाद परिन्दे' और 'लफड़ा।'

कहानियों के उपर्युक्त विश्लेषण से स्पष्ट है कि आँचलिक कहानीकार के रूप में भी रेणु ने अंचल की सीमाओं का अतिक्रमण करते हुए बिहार के एक छोटे भूखण्ड की हथेली पर समूचे उत्तरी भारत के किसान की नियति रेखा को उजागर किया था। यह रेखा किसान की किस्मत और इतिहास के हस्तक्षेप के बीच गुंथी हुई थी, जहाँ गाँधी जी का सत्याग्रह आन्दोलन, सोशलिस्ट पार्टी के

आदर्श, किसान सभाओं की मीटिंगें अलग अलग धागों से रेणु का संसार बुनती है। सैकड़ों पात्र आते हैं, जाते हैं...उनकी गति, उन का ठहराव, उनकी ऊहापोह और आत्मसंघर्ष एक पूरी इमेज अंकित कर जाता है। सिनेमा के परदे पर हम जैसे आइन्स्टाईन की फ़िल्मों में व्यक्ति और समूह, चलती हुई भीड़ में स्तब्ध चेहरे और उनके गत्यात्मक द्वन्द्व, हलचल और तनाव देखते हैं, बिल्कुल जैसे पूर्णिया के परदे पर उसकी पीठिका में हम भारतीय ग्रामवासी और इतिहास के बीच मुठभेड़ और टकराव की गड़गड़ाहट सुनते हैं, एक ऐसा क्षण आता है जब पात्र और पीठिका में कोई अन्तर नहीं रहता...दोनों एक दूसरे में इतना गुँथ जाते हैं कि मनुष्य धरती और इतिहास के बीच सीमाएँ घुल सी जाती हैं किन्तु आपसी मुठभेड़ से जो बिजली चमकती है, बिहार के अवसन्न, धूल भरे आकाश में जो चिंगारी कौंधती हैं रेणु ने कैमरे की आँखों से उसे अपनी जीवन्त तात्कालिकता में पकड़ने की कोशिश की थी।

# संरचना का ताना-बाना

बदलती स्थितियों के बीच कई तरह के रुँधे-बँधे और गतिशील जीवन के जटिलतर होते विधान को अपने कथ्य में टोहती नई कहानी के शिल्प को उसके संवेद्य से अलग करके देखना और विश्लेषित करना अत्यन्त कठिन है और यह एक महत्त्वपूर्ण बिन्दु है, जिस पर नई कहानी पुरानी कहानी से अपने को अलगाते हुए अपने संश्लिष्ट रचना विधान का वैशिष्ट्य रेखांकित करती है। दरअसल वस्तु का बदलाव कथा-शिल्प में भी बदलाव लाता है। 'कहानी शिल्प का विकास लेखक की प्रयोग बुद्धि पर उतना निर्भर नहीं करता, जितना उसके मैटर की आन्तरिक अपेक्षा पर।'[65] जीवन के नए सन्दर्भ कलात्मक अभिव्यक्ति के नए सन्दर्भ स्वतः ही प्रस्तुत कर देते हैं। किसी भी साहित्य रूप की प्रचलित ज़मीन को नया शिल्प नहीं तोड़ता, नई वस्तु ही उस ज़मीन को तोड़ती है। वस्तु को कहे जाने की विवशता से गुज़रना ही रचनाकार का शिल्प के दायरे में चले आना है और वस्तु को जिस कोण से वह उठाता है वही उसका शिल्प कोण भी होता है।

नई कहानी में नए शिल्प का प्रयोग चेष्टित न होकर, **वस्तु की आन्तरिक विवशता का परिणाम है।** नए शिल्प में कथाकार की वस्तु दृष्टि का लगातार योग रहता है तो वस्तु चयन में लेखक का शिल्पकोण बराबर काम करता है। वस्तुतः शिल्प वस्तु बोध के आन्तरिक रचाव का अनिवार्य प्रतिफलन ही नहीं उसका संश्लिष्ट आकार भी है।

नई कहानी ने संवेदना के कोण और दबाव के समूचा बदल जाने के समानान्तर ही पुरानी कहानी के विवरण और किस्सागोई में ढले कथानक, वस्तु और शिल्प में रोचकता और उत्सुकता बनाए रखने की कोशिश, अतिरिक्त नाटकीयता और झटकेदार अन्त देकर पाठक को चौंकाने की प्रवृत्ति, घटनाओं को महत्त्व, उनकी तार्किक संगति,[66] निश्चित आदि मध्य विकास, अन्त और चरमसीमा की उपलब्धि जैसे बिन्दुओं से अपने को मुक्त किया।

आरोपित सत्यों और विरोधो के आधार पर पुरानी कहानी में चरित्रों के निर्माण का जो ध्येय था, नई कहानी में उसे महत्त्व नहीं मिला, मानवीय सन्दर्भों को उजागर करनेवाले चरित्र ही नई कहानी के संसार में आए हैं। नई कहानी में दिखाई पड़ता 'तनाव' पुरानी कहानी के 'सस्पेन्स' की तरह शिल्प का आरोपित प्रकार नहीं है। बल्कि आधुनिक ज़िन्दगी के चलते तथा लेखन की रचना प्रक्रिया का अनिवार्य अंग है जो कहानी को जासूसी और मनोरंजन के स्तर से हटाकर उसे मानवीय संकट का केन्द्र सौंपता है और पाठक को उसका एहसास कराते हुए संवेदना के स्तर पर अर्थहीन, विसंगत स्थितियों के बीच उपजे मानवीय संकट को रेखांकित करता है और शिल्प स्तर पर जीवन के दबावों के प्रवाह का अनुसरण करता है।

नई कहानी अपना इष्ट यानी कोई द्वन्द्वदंश,[67] विडम्बना, संक्रान्ति उठा लेने के बाद भी अतिरिक्त तौर पर प्रस्तुत नहीं करती वह उसे रचना प्रक्रिया के अन्तरंग रास्ते से गुज़रते हुए पाती है और इस सब में रचना प्रक्रिया से गुज़रते हुए एक साथ निस्संग और सङज रहती है, इस सीमा तक सहज कि धुँधले लगते रेशे तक नंगी आँखों के सामने साफ़-साफ़ गुज़रे और घटना ही बोले, लेखक आयोजनहीन होकर उसे बोलने दे बिना घटाए-बढ़ाए उसके यथार्थ रूपरूप का निर्वाह करते हुए।[68]

नई कहानी में संकेतों का सविशेष होना और बतौर प्रसाधन इस्तेमाल न होना पुरानी कहानी के शिल्प से उसे अलगाता है। सांकेतिकता[69] यहाँ कहानी के संश्लिष्ट परिवेश और व्यस्त संकुल जीवन के कारण नितान्त स्वाभाविक और अनिवार्य स्वीकृति है। समकालीन कहानी एक स्तर पर संकेत का उपयोग न होकर स्वयं संकेत होती है।

इसीलिए नई कहानी को कहानी के अब तक के प्रचलित अर्थ और परिभाषा की धारणा में साफ़ कहानी नहीं का जा सकता। यह अन्तर कथ्य की संश्लिष्टता के साथ शिल्प दृष्टि में बदलाव के कारण भी आया है जिसके चलते नई कहानी एक स्तर पर वैचारिक निबन्ध जैसी होती है तो एक और स्तर पर महज़ बातों का एक दिलचस्प सिलसिला या फिर वह कुछ संकेतों और प्रतीकों में ही शुरू होकर आखिर हो सकती है।

नई कहानी ने अपने माध्यम में विकसित होकर, अनेक साहित्यिक विधाओं की कलात्मक विशेषताओं को रचना प्रक्रिया का अंग बनाते हुए इस तरह खुद में समो लिया है कि वह बदले हुए जीवनानुभवों को पुरानी कहानी के मुकाबले कह पाने में अधिक सक्षम प्रमाणित हो रही है।

ज़िन्दगी की सच्चाई की अभिव्यक्ति संवदेना के नाम पर विवरण और शिल्प के नाम पर फ़ोटोग्राफी न होकर वह वास्तविकता है जो हमारी तथ्यात्मकता में अनदेखी रह गई है या जिसके अनदेखा रह जाने की सम्भावना है और क्योंकि इस वास्तविकता को रूपाकार देने में मुहावरा हुई भाषा और प्रेषण के प्रचलित प्रकार अपर्याप्त सिद्ध हुए इसलिए यहीं से उसे जीवन के सूक्ष्म पर्यवेक्षण के साथ सम्प्रेषण के लिए नए शिल्प और आयामों में खुलती भाषा की तलाश करनी पड़ी। 'इसलिए नई कहानी अपने सही अर्थ में वस्तुबोध के 'नए' के साथ-साथ भाषा बोध व प्रेषण के लिए लगातार शिल्प के नवनूतन की तलाश भी है।[70]

अब तक माने जाते **कलामूल्यों का जीवन मूल्यों में पर्यवसित हो जाना नई कहानी के संश्लिष्ट रचना विधान को रेखांकित** करता है। इस प्रकार स्पष्ट है कि नई कहानी की संवेदना और संरचना दोनों को ही परिचालित करने वाला तत्व यथार्थ है। यही यथार्थ नए कथाकार की दृष्टि भी बनाता है और यह दृष्टि व्यक्ति और परिवेश के बाह्य व अन्तः सम्बन्धों के विविध कोणों और आयामों के अनुसार वस्तु और रूप की संश्लिष्टि में प्रतिफलित होती है।

समकालीन यथार्थ को विविध परिदृश्यों में प्रस्तावित करने वाले नए कथाकारों की कहानियों ने रचना प्रक्रिया का आन्तरिक तनाव झेलते हुए जो मिजाज पकड़ा है और जो रुख़ अख्तियार किया है उसने नई कहानी के शिल्प को पर्याप्त नयापन, खुलापन, व्याकता और वैविध्य दिया है। इस वैविध्यपूर्ण विस्तार में आँचलिक कथा-साहित्य के रूप में जो कोण उभरा उसके सम्बन्ध में डा. विवेकी राय का कहना है, 'स्वातन्त्र्योत्तर कथा-साहित्य का एक ऐतिहासिक सत्य है कि आधुनिकता के सन्दर्भ में सर्वप्रथम ग्रामीण जीवन अथवा विकसित-अविकसित़ आँचलिक इकाइयों पर लिखी कहानियों के ही नए शिल्प ने ध्यान आकृष्ट किया।'[71]

निश्चित रूप से आँचलिक कथा-साहित्य में धरती का चटक रंग जिस सघन बुनावट में आकार पा रहा था वह कहानी शिल्प की नई दिशाएँ संकेतित कर रहा था लेकिन आँचलिकता के नाम पर इन कहानियों क़ो संकुचित घेरों में बाँधकर इनकी खुली सम्भावनात्मकता की उपेक्षा की गई जब कि आवश्यकता इस बात की थी कि स्थानीय रंगों के ऊपर उठकर अपेक्षाकृत मुक्त और आधुनिक दृष्टि से ठहरे हुए पानी जैसे स्थिर ग्राम जीवन में खलबली पैदा करनेवाली बदलती स्थितियों के बीच ज़िन्दगी को खुलेपन के साथ आँका जाता। रेणु की कहानियाँ हिन्दी कथा-साहित्य के इस रिक्त कोने को अपने कथ्य के

साथ ही संरचनात्मक वैशिष्ट्य के द्वारा भी सम्भावनाओं से भरती हैं।

रेणु की अपनी दृष्टि और अपेक्षाकृत कहीं अधिक गहरे व्यापक और संश्लिष्ट परिवेशन-बोध की क्षमता संरचनात्मक धरातल पर उन्हें अपने अन्य समकालीन कथाकारों से अलगाती है।

यह शिल्पगत वैशिष्ट्य रेणु की कहानियों में किस तरह प्रतिफलित होता है यानी रचना प्रक्रिया के दौरान लेखक अपनी रचनात्मक शक्तियों का सार्थक इस्तेमाल किस तरीके से करता है यह समझना होगा।

रेणु जिस समय लिख रहे थे उस समय यानी स्वतन्त्रता के बाद व्यक्ति चेतना (Individual conciousness) ऐतिहासिक परिस्थितियों (Histrical situations) से रू-ब-रू होकर एक निश्चित सीमा तक अपनी उपस्थिति का अहसास करा रही थी। व्यक्ति और इतिहास के बीच जो सक्रिय रिश्ता है वह आधुनिक परिस्थितियों में उलझता गया, जटिल से जटिलतर होता चला गया। रेणु ने जागरूक रचनाकार की हैसियत से समान शक्ति के साथ इतिहास और व्यक्ति चेतना को अनुभव किया था, इतिहास और व्यक्ति के पारस्परिक सम्बन्धों का सूक्ष्म पर्यवेक्षण किया था इसलिए उन्होंने अपनी कहानियों में व्यक्ति को व्यक्ति बनानेवाली जैविक विवशता और उसे अतिक्रमिक करती दुर्दमनीय पारिस्थितिक शक्तियों की टकराहट और आमने-सामने होने के क्षणों की खोज की है। ये क्षण ही कहानी में इस बिन्दु के रूप में सामने आते हैं। जहाँ घटित चरित्र और परिस्थिति संकलित होकर क्रिया-प्रतिक्रिया करते हुए एक-दूसरे के अन्तर्विरोध को दिखाते हुए, जीवन की पर्तें खोलते हुए, जिन्दगी का विधान खोजते हैं। (Explore)

इस ज़िन्दगी की खोज के लिए लेखक जो रास्ता अख़्तियार करता है, उसे भी समझना आवश्यक है क्योंकि वही कहानी का रचना विधान समझाने में सहायक होगा। अनुभव की पूरी ऊष्मा और आवेग के साथ वह ज़िन्दगी को सारी खूबसूरती, बदसूरती और समस्यात्मकता के बीच भोगता है लेकिन उसके भीतर से परिस्थिति, घटना और चरित्र को जब वह उठाता है तो रचनाकार का दायित्व उसे निर्वैयक्तिक और निस्संग बनने को विवश कर देता है, तब ऐसी स्थिति में वह ऐसे नाटकीय क्षणों की खोज करता है जिनमें घटना पात्र और परिस्थिति आपस में मिलते हैं, टकराते हैं, तनते हैं, और तनाव के इस क्षण में बिखरकर अपनी स्थिति समझा जाते हैं। लेखक की सहानुभूति इनमें से किसी के साथ नहीं है, यह यहाँ पुरानी कहानी के कथाकार की तरह निर्देशक और सहयोगी मित्र की हैसियत से उपस्थित नहीं होता बल्कि सिर्फ़

उन क्षणों को तलाश करता है जिनमें जीवन का विधान उद्घाटित होता है—और इसके लिए इन खास नाटकीय क्षणों में वह घटना पात्र और परिस्थिति को संकलित भर करता है।

यानी घटना, पात्र, परिस्थिति और इनसे मिलकर बने पूरे कथानक किसी का भी विकास नहीं होता, विकास की पद्धति में लेखक का विश्वास ही नहीं है। इन कहानियों की संरचनात्क पद्धति विकास की नहीं संकलन और समुच्चय के माध्यम से खोज (Exploration) की है। कहानियों का कथ्य ज़िन्दगी को टोहता है और यह टोहना उपयुक्त शिल्प के माध्यम से ही सम्भव है। इसलिए जीवन, कथ्य और शिल्प कहानी या रचना के रूप में यहाँ एक संश्लिष्ट इकाई का रूप उपलब्ध कर लेते हैं।

कथानक की परम्परागत धारणा को अज्ञेय और जैनेन्द्र ने तोड़ा था लेकिन उनकी कहानियों में व्यक्ति के बाहर का समाज बहुत कम घटित होता था, चरित्र और उसकी समस्या ही पूरे कथानक को परिचालित करते थे। नई कहानी यानी अज्ञेय और जैनेन्द्र के बाद की कहानी में परिवेश का महत्त्व बहुत बढ़ गया लेकिन वातावरण से अलग कथानक के रेशे-रेशे में व्याप्त होकर उसे बुनने वाले जीवन्त सूत्र के रूप में परिवेश का बोध रेणु के कथा-साहित्य में ही अपनी सार्थकता प्रतिफलित करता है यद्यपि यह भी सत्य है कि अँचल की सीमाओं ने ही रेणु की कहानियों को और उपन्यासों को ऐसी संभावनाएं प्रदान की लेकिन यहाँ भी रेणु का वैशिष्ट्य रेखांकित होकर सामने आता है, 'रेणु का स्थान यदि अपने पूर्ववर्ती और समकालीन आँचलिक कथाकारों से अलग और विशिष्ट है तो वह इसमें है कि आँचलिक उनका सिर्फ़ परिवेश था, उसके भीतर बहती जीवनधारा स्वयं अपने अँचल की सीमाओं का उल्लंघन करती थी। रेणु का महत्व उनकी आँचलिकता में नहीं आँचलिकता के अतिक्रमण में निहित है।'[72]

ज़िन्दगी और परिवेश का सूक्ष्म पर्यवेक्षण करता, उनकी तथ्यात्मकता में उन्हें जानता, पहचानता लेखक घटनाओं से बनी बनाई कथा पेश नहीं करता बल्कि ज़िन्दगी के प्रति एक समझदारी विकसित करता है अपने कथानक विन्यास के माध्यम से। व्यक्ति चेतना जीवनमें तनाव पैदा करती है और परिस्थितियाँ भी वस्तुगत सत्ता के रूप में चीज़ों को प्रभावित करती हैं। ऐसी हालत में लेखक इन दोनों को विभिन्न परिस्थितियों में रखकर एक-दूसरे के प्ररिप्रेक्ष्य में जाँच लेना चाहता है इसलिए कई तरह की विविधता सामने आती है और वैविध्य की इस स्थिति में लोगों और वस्तुओं का ढेर खड़ा होता है

लेकिन यह ढेर विशृंखल अव्यवस्थित लोगों और चीज़ों की भीड़ भर नहीं है क्योंकि वही लेखक का दृष्टिकोण बनाता है। व्यक्तियों और वस्तुओं की यह भीड़ आपस में टकराती है, उलझती है, अनेक स्तरों पर गुँथती है और पार्श्वों और सन्दर्भों की द्वन्द्वात्मक दुनिया खड़ी करती है, यह दुनिया ही कथानक बुनती है, बल्कि कहानी होती है—कहानी के अलग देश-काल या वातावरण के रूप में अलग से इस दुनिया को परिभाषित और विश्लेषित नहीं किया जा सकता इसलिए रेणु का कथानक विन्यास जटिल कम और सघन अधिक है जो कहानी के अनुभव को गहराता है।

'लाल पान की बेगम', 'विघटन के क्षण', 'रेखाएँ वृत्तचक्र', 'आत्मसाक्षी', 'तीसरी कसम', 'उच्चाटन', 'रसप्रिया', 'टेबुल', 'पुरानी कहानी नया पाठ', 'संवदिया', 'एक आदिम रात्रि की महक', 'तीन बिन्दिया' और 'ठेस' कहानियाँ संरचनात्मक वैशिष्ट्य की दृष्टि से विशेष उल्लेखनीय कहानियाँ हैं।

'लाल पान की बेगम' कहानी एक छोटी-सी मानवीय आकांक्षा के पूरे होने तक की प्रतीक्षा अवधि के तनाव और उसके पूरे हो जाने के उल्लास और तृप्ति के दो विरोधी किनारों के बीच परिवेश के रेशों के भीतर से एक गाँव की ज़िन्दगी को खोलते हुए अपना कथा विन्यास करती है।

एक संवादात्मक प्रश्न 'क्यों' बिरजू की माँ, नाच देखने नहीं जाएगी क्या?[73] से आरम्भ होनेवाली यह कहानी इस प्रश्न के रूप में बड़ी सहजता से उस एक बिन्दु को उपस्थित कर देती है, जिससे कहानी का हर पात्र टकराता है, जिसे लेकर पात्र आपस में टकराते हैं और घात-प्रतिघात करते हुए संन्दर्भ खोलते चलते हैं—'जंगी की पुतोहू बिरजू की माँ से नहीं डरती। वह जरा गला खोलकर ही कहती है, फुआ-आ। सरबे सित्तलमिंटी (सर्वे सेटलमेंट) के हाकिम के बासा पर फूल छान किनारी वाली साड़ी पहन के यदि तू भी भंटा की भेंटी चढ़ाती तो तुम्हारे नाम से भी दु-तीन बीघा धनहर ज़मीन का पर्चा कट जाता। फिर तुम्हारे घर भी आज दस मन सोनाबंग पाट होता, जोड़ा बैल खरीदाता! फिर आगे नाथ और पीछे सैकड़ों पगहिया झूलती।'[74] यह एक कथन व्यंग्यात्मक और नाटकीय भाषिक मुद्रा में एक साथ कई सन्दर्भ संकेतित करते हुए उस गाँव की ज़िन्दगी की वास्तविकता प्रस्तावित कर देता है जो कथानक की गतिशीलता का अहसास कराता है जंगी की पुतोहू, पानी भरने आने वाली गाँव की औरतें, मखनी फुआ, बिरजू की माँ, बिरजू का बाप, चम्पिया, सहुआइन, बाबू सहेब और उनका बेटा और कई दूसरे उपस्थित-अनुपस्थित पात्रों की एक भीड़ है जिसे परिस्थितियाँ ऐंठती हैं, कई स्तरों पर और

परिस्थितियों के बीच ऐंठते तनते ये पात्र दृश्य, वास्तविकता और घटना के बीच एक संरचनात्मक सम्बन्ध बनाते हैं, ये संरचनात्मक सम्बन्ध जीवन के परिपार्श्वों को संवेदित करते हैं, जहाँ परिपार्श्व बदलता है वहीं कथानक मोड़ लेता हैं इस मोड़ लेने के कारण ही आद्यन्त विकास की एक रेखा कहानी में नहीं खोजी जा सकती। विभिन्न घटनाएँ जीवन के विविध पहलू है।

बिरजू की माँ नाच देखने जाने के लिए गाड़ी की प्रतीक्षा कर रही है, प्रतीक्षा की इस अवधि में ही अपने मन का भीतरी तनाव झेलती बिरजू की माँ बाहर और भीतर की टकराहट भी अनुभव करती है। वह दूसरे पात्रों से टकराती है, 'बिरजू की माँ के आँगन में जंगी की पतोहू की गला-खोल बोली गुलेल की गोलियों की तरह दनदनाती हुई आई। बिरजू की माँ ने एक तीखा जवाब खोजकर निकाला, लेकिन मन मसोस कर रह गई।[75] 'बिरजू के बाप पर बहुत तेज़ी से गुस्सा चढ़ता है। चढ़ता जाता है।...बिरजू की माँ का भाग ही खराब है जो ऐसा गोबर गनेश घरवाला उसे मिला। कौन-सा सौख-मौज दिया है उसके मर्द ने।'[76]

पूरी कहानी अपने विन्यास और भाषिक संरचना में नाटकीय है, लगता है जैसे घटनाएँ किसी रंगमंच पर मुद्रा धारण किए हुए घटित हो रही है। पात्रों का आत्म-चिन्तन भी सम्वाद के रूप में सामने आता है। रेणु के रचना विधान का यह सबसे बड़ा वैशिष्ट्य है कि परिस्थितियों में तनती, उनसे संघात करती जिन्दगी को उन्होंने नाटकीय विधान में कैद कर के प्रस्तुत किया है। यह नाटकीयता पुरानी कहानी की तरह कुतूहल और उत्सुकता से प्रेरित न होकर पार्श्वों के संघात की नाटकीयता है जो परिवेश के सूक्ष्म-से-सूक्ष्म रूप में भी प्रतिफलित होती है। एक विशेष नाटकीय क्षण में वस्तुओं और व्यक्तियों के प्रति बिरजू की माँ की एकदम बदली हुई प्रतिक्रियाएँ मानवीय व्यवहार के अन्तर्विरोध को समझाते हुए कहानी के शिल्प को सहज नाटकीयता देती हैं और अनुभव को गहराती हैं। और पूरी कहानी को खेत-खलिहान, अगहनी धान के धानी रंग, झुकी बालियों, मीठे चावल, धान के झरते फूलों की गंध, पेड़-पौधों, बाँस की झाड़ी में फूली हुई दुद्धी की लता, गौने की रंगीन साड़ी से आती कड़वे तेल और लठवा सिन्दूर की गन्ध, कार्तिक की चाँदनी, बलरामपुर के नाच, जिन बाबा और महाबीर बाबा से जुड़े अन्ध विश्वासों, मनौतियों, रीति-रीवाजों, लोगों के सुख-दुःख, तनाव, संघर्ष और सन्तोष इन सब पार्श्वों से मिलकर बने परिवेश के साथ पाठक एक बार फिर अपने भीतर घटित होते हुए अनुभव करने लगता है।

'लाल पान की बेगम' की भाषा खड़ी बोली होकर भी अपने मिजाज में आँचलिक है और अपनी मुद्रा में तमाम अन्तर्विरोधों के साथ पात्रों और परिवेश के भीतरी-बाहरी सम्बन्धों से बनी ज़िन्दगी और उसके भीतरी आशय को धारण करती है। 'बिरजू की माँ के मन में रह-रहकर जंगी की पुतोहू की बातें चुभती हैं, भक्-भक् बिजली बत्ती!...चोरी-चमारी करनेवाले की बेटी पुतोहू जलेगी नहीं। पाँच बीघा ज़मीन क्या हासिल की है बिरजू के बप्पा ने, गाँव की भाई खौकियों की आँखों में किरकरी पड़ गई है।...इतनी आँखों की धार भला फसल सहे।'[77] समूचा वाक्य गठन और शब्दों का प्रयोग आशय के साथ-साथ पात्र को भी आकार देने में सक्षम है।

'विघटन के क्षण' कथ्य के साथ ही अपने रूप विधान में भी अत्यन्त सशक्त, सुगठित और विशिष्ट कहानी है जो अपनी प्रकृति में विशुद्ध आँचलिक है।

रानीडिह गाँव का सीधा सादा जीवन शहरी प्रभाव के संक्रमण से संक्रान्त टकराहट का अनुभव करते हुए अपने पात्रों और खेतिहर परिवेश के साथ इस अनुभव का, इस संक्रान्त बोध का सामना करते हुए ज़िन्दगी की बनती-बिगड़ती तस्वीर प्रस्तावित करता है।

अनेक स्तरों पर परिवेश इस कहानी को बुनता है। परिवेश के रेशों में ही कहानी की संरचना अर्थ को टोहती है इसलिए रानीडिह के परिवेश की भीतरी-बाहरी यात्रा करते हुए ही कहानी के रचना विधान को समझा जा सकता है।

श्यामा चकेवा पर्व मनाने वाली कुमारियाँ, धरती पर बिखरे अक्षत सिन्दूर मौसम के साथ बदलने वाली खेती और उसी से जुड़े पर्व त्यौहार, बड़घरिया हवेली, गंगापुर वाली दादी, चुरमुनिया, विजैया, सच्चिदा, रामफल की बीबी, साहू की दूकान पर इकट्ठे होनेवाले गाँव के दूसरे बाशिन्दे और उनकी बातचीत मिलकर ज़िन्दगी के अनेक पहलू सामने लाते हैं, पार्श्वों की यह दुनिया रामेश्वर चौधरी एम.एल.ए. और रिक्शा डलेवर फुलकन की शहरी ज़िन्दगी के सन्दर्भों में रू-ब-रू होती हैं। पात्र टकराते हैं। स्थितियों से उलझते हैं एक-दूसरे से गुँथते हैं, घटनाएँ खड़ी करते हैं और इसी प्रक्रिया में कथानक अपना आकार बनाता चलता है—'...पिक्चर की लड़की, छापी की लड़की? क्या-क्या बोलता है फुलकन? क्या था और क्या से क्या होकर लौटा है। गाँव के नौजवानों की देह कसमसाने लगती है। फुलकन पटना में 'रिक्शागाड़ी' खींचता है।...खींचता नहीं, 'डलेवरी' करता है। फुलकन रिक्शा डलेवर है।'[78]

यह एक सम्वाद ही अपने लहजे और अपनी मुद्रा में गाँव और शहर की टकराहट की प्रतिक्रियाएँ धारण करता है। विजया के शहर जाने की घटना पात्रों और परिस्थितियों के टकराव से उत्पन्न पार्श्व को एक ऐसा नया मोड़ देती है जो कथानक की गति में भी मोड़ उपस्थित करता है 'जब से पटना जाने की बात तय हुई है, अन्दर-ही-अन्दर वह टूट रही है...रजनीगन्धा के डंठलों की तरह।'[79] इस टूटन और गाँव से उखड़ने का एहसास विभिन्न स्तरों पर दूसरे पात्रों को भी होता है। गाँव खाली होने का बिन्दु वह क्षण है जिसमें पात्र अपनी, गाँव और शहर की स्थिति और इन सबके बीच जटिल होते रिश्तों को समझाते चलते हैं। लेखक की सहानुभूति किसी पात्र के साथ नहीं है, परिस्थिति और घटना के साथ भी नहीं है वह परिवेश के भीतर परिस्थितियों में ऐंठते पात्रों के तनाव बिन्दुओं को खोजता है और इस तरह ज़िन्दगी के सन्दर्भ उद्घाटित करता है।

व्यक्ति मन की विवशता और परिस्थितिक दबाव के बीच तनता, ऐंठता, फैलता, सिकुड़ता रानीडिह गाँव धरती के चटक रंग के क्रमशः फीका पड़ने की कहानी अपने पिछड़े हुए चरित्रों से उनकी अपनी ही भाषा और अपने ही लहजे में बयान कराता है, उनकी अपनी जिन्दगी उसका परिवेश जिसमें गीत-मंगल, राग-द्वेष, रीति-रिवाज़, अन्धविश्वास, दुःख-दर्द, हँसी आँसू सब कुछ है और इन सबने महीन रेशों के बीच कथानक अपने होने का अहसास कराता है, 'तुमको कहना नहीं होगा। मैं घर के 'देवता पित्तर' से लेकर गाँव के देवता बाबा जीन-पीर के थान में रोज झाड़ू बुहारू दूँगी—यही मनौती मैंने की है कि हे मैया गौरा पारवती।...कि हे बाबा जीन-पीर...हमारी विजैयादि को कोई शहर में बाँध कर नहीं रखे।...जिस दिन तू लौटकर आएगी, मैं देवी के 'गहवर' में नाचूँगी...तू लौट आवेगी तो सब कोई लौटकर आवेंगे। भूले-भटके भागे पराए सभी आवेंगे। तू नहीं आएगी तो इस गाँव में अब धरा ही क्या है। जो भी है वह भी एक दिन नहीं रहेगा। सिर्फ गाँव की निशानी घरों के डिह... ।'[80]

कहानी के रूप बन्ध की विशेषता उसकी कथन शैली में निहित है, यहाँ विवरण नहीं है, कथाकार भी उपस्थित नहीं है लेकिन लगता है कि जैसे सारी कहानी संवादों के माध्यम से ज़िन्दगी की पर्तों के खुलने की तस्वीर बना रही है और जैसे इस तस्वीर के बनने की प्रक्रिया को हम उसकी बारीकी में देख रहे हों। सम्वादों के माध्यम से नाटकीय क्षणों में मोड़ लेते कथानक में हम रानीडिह के उखड़ते जीवन का साक्षात् कर सकते हैं। इस विशेष स्थान की

ज़िन्दगी की एक पूरी दुनिया जो परिपार्श्वों और बिन्दुओं के संघात से मिलकर बनते हुए यथार्थ की एक दृष्टि (Vision) उभार जाती है। यह ज़िन्दगी और उसे उभारने की प्रक्रिया यानी रचना दृष्टि को अलग-अलग से नहीं समझा जा सकता यही इसकी शैल्पिक सफलता का बोध कराता है।

आँचलिक कहानी के अनुभव को घनीभूत करते उसके विशिष्ट शिल्प से अलग एक खास स्थिति में आत्म कथनात्मक शैली में आकार पाती कहानी 'रेखाएँ' : वृत्त चक्र' कहानी शिल्प की नई सम्भावनाएँ उजागर करती है।

ज़िन्दगी से एक खास चरित्र को उठाकर एक खास स्थिति में एक खास परिवेश में लेखक छोड़ देता है। यह विशेष परिस्थिति पात्र को ऐंठती है, खास तरह के वातावरण में परिस्थिति में गुँथता, झूमता पात्र विविध परिस्थितियों में जिए गए अपने जीवन की अन्तः यात्रा अनुभव के धरातल पर करता है, फिल्म की तरह उसकी ज़िन्दगी की उघड़ती पर्तों के रेशे-रेशे का साक्षात्कार पाठक करता चलता है और अनुभव और साक्षात्कार की इसी प्रक्रिया में कथानक आकार पा जाता है।

लोकगीत गायक, संस्कार से कलाकार शिवनाथ अतिवादी ढंग से जी गई अपनी इस ज़िन्दगी को बेहोशी की हालत में देखे गए सपनों के माध्यम से उद्घाटित करता है वह व्यक्तियों और भावों के अनेक पार्श्व खड़े करते हुए एक पूरी दुनिया बनाती है जिसमें पुष्पलाल, रामरंजन, जलधर और इनके साथ ही कई अनुपस्थित पात्र परस्पर घात-प्रतिघात, क्रिया-प्रतिक्रिया करते हुए अपनी भाषा और व्यवहार-पद्धति से अपनी साकार और क्रियाशील अस्मिता का बोध पाठक को कराते हैं। बेहोशी में देखे गए इन स्वप्नों की घटनात्मकता, दृश्य और वास्तविकता के बीच लेखक की दृष्टि एक संरचनात्मक सम्बन्ध कायम करते हुए अर्थ प्रेषित करती है।

परिस्थितियों के प्रति जागरूक व्यक्ति मन, ज़िन्दगी और मौत के बीच संघर्ष की अवधि में जो प्रतीकात्मक स्वप्न देखता है वे भी उसकी अवचेतन जागरूकता और बीमारी की इस स्थिति में ऐंठती मनःस्थितियों, अन्तर्द्वन्द्वों और तनावों से परिचालित है। भीतरी तनाव को पात्र द्वारा देखे जा रहे स्वप्नों में प्रतीकों के माध्यम से ऐन्द्रिय बोध के साथ साकार उपस्थित कर देना यहाँ रेणु के शिल्प को वैशिष्ट्य, संश्लिष्टिता और अत्यधिक शक्ति प्रदान करता है—'देखा, सभी लोग पेट पकड़कर झुके हुए हैं, झुक गए हैं अचानक जो जहाँ है, वह अपने दोनों हाथ कमर पर रखकर झुका हुआ है। खेत-खलिहान में काम करते हुए लोग, नहर के किनारे खड़े लोग, चने के खेत में साग खोंटती

हुई औरतें, सभी दर्द से छटपटा रहे हैं। हवा मे एक विचित्र प्रकार की खटास है। सब कुछ खट्टा-खट्टा। हवा का एक झोंका आता है और सभी चीखकर और भी झुक जाते हैं। सभी व्यक्तियों के शरीर मुड़कर विकृत स्वस्तिका चिह्न जैसे...मैंने सुना, कोई रेडियो पर किसी स्टेशन से एलान कर रहा है, 'भाइयों! भाइयों! यह कोई एटामिक गड़बड़ी हुई है। ज़मीन पर पेट के बल लेट जाइए। वैकवम आ रहा है...डरने की कोई बात नहीं गलती से ऐसा हो गया है। किसने की ऐसी गलती? यह जान लेवा गलती किसकी है? अमरीकी वैज्ञानिक की, या रूसी, व चीनी या पाकिस्तानी, अथवा भारतीय...जुडिशियल इंकवायरी हो! गलती करने वाले को सजा दो! नहीं तो गद्दी छोड़ दो!'[81]

सभी लोगों का पेट पकड़कर झुकना और दर्द से कराहना पात्र की अपनी वर्त्तमान स्थिति की वास्तविकता का अपने से बाहर की दुनिया में प्रक्षेपण (Projection) है, वातावरण में खटास अस्पताल की रासायनिक गन्धों का प्रतीक है। एटामिक गड़बड़ी से आए वैक्वम के लिए अपराधी की खोज एक साथ विज्ञान के बढ़ते प्रभाव और पात्र के भीतरी अपराध बोध को संश्लिष्ट रूप में प्रतीकित करती है। गंगा के इस पार से उस पार तक बतकों का पुल बेहोशी में देखना बची हुई आस्था और मानवीय विश्वास को वातावरण में प्रक्षेपित करता है। स्वप्न प्रतीकों का सफल प्रयोग बहुत प्रभावी रूप में शिवनाथ की ज़िन्दगी के अन्तर्विरोधों को खोलता है।

लगता है जैसे परिस्थिति ने व्यक्ति को अपनी चपेट में लेकर एक ऐसे बिन्दु पर ला खड़ा किया है जहाँ से वह एक ही साथ एक खास तरह की दूरी अख़्तियार करके अपनी ज़िन्दगी को सारे अन्तर्विरोधों के साथ देखता है फ़िल्म या नाटक की तरह, उन्हें स्वीकार करता है। पूरी ऊष्मा और आवेग के साथ सारी ज़िन्दगी को एक बार फिर अनुभव के स्तर पर जीता है। ज़िन्दगी के जिस अन्तर्विरोध को शिवनाथ स्वीकार करता है, कन्फ़ेस करता है, ज़िन्दगी के प्रति अपनी अन्तर्विरोधी दृष्टि और रवैये को, उसे शिल्प का यह नाटकीय अन्तर्विरोध यथोचित भाषिक विधान में अर्थों और आशयों की पूर्ण प्रेषण क्षमता के साथ धारण करता है।

दृश्य घटना और वास्तविकता के बीच लेखक रचनात्मक सम्बन्ध कायम करते हुए शिल्प से अर्थ को खोजता है। बेहोशी की हालत में स्वप्न में ज़िन्दगी में उस स्वप्न और यथार्थ के बीच स्वतः ही एक सम्बन्ध कायम हो जाने की ऊपर से सीधी लेकिन भीतर से जटिल प्रक्रिया यथार्थ से स्वप्न और स्वप्न से यथार्थ, बेहोशी से होश में आने और फिर बेहोशी में प्रत्यावर्तन एक विशेष

गति के साथ कहानी की प्रविधि को जटिल बनाते हुए उसे कथ्य की जटिलता को वहन करने योग्य बनाता है, 'घाट से कोई स्टीमर खोलने की तैयारी कर रहा है शायद।...नहीं स्टीमर नहीं! **यह है क्राइसिस!** अर्थात् आक्सिजन सिलिण्डर लाया जा रहा है।...क्यों? मेरे पास फिर क्यों? मैं होश में हूँ। जगा हुआ हूँ। पलंग से स्टूल सटा कर मेरे बाएँ कन्धे के पास सिर रखकर उमा सो गई है धीरे से पुकारता हूँ, उमा! मुँह से आवाज़ निकलने के पहले ही सिलिण्डर घसीटकर लानेवाला आदमी उछलकर मेरा मुँह दबा देता है। सिलिण्डर घसीटकर लानेवाला व्यक्ति वार्डकुली नहीं, पुलिस दरोगा है। उसके साथ पुलिस के कई सिपाही हैं, जो मेरे पलंग के चारों ओर आकर मुझे घेर लेते हैं...वे मेरी तलाशी लेंगे।'[82]

वस्तुतः सारी कहानी बेहोशी की स्थिति में देखे गए सपनों में अपना कथानक तय करती है—और कथ्य के स्तर पर ज़िन्दगी की सच्चाई से सम्बद्ध इन सपनों को कहानी का नाटकीय शिल्प यथार्थ से स्वप्न और स्वप्न के यथार्थ में प्रत्यावर्त्तन की प्रक्रिया में पूरी शक्ति और प्रभाव के साथ वहन करता है। उस शिल्प को ठोस आधार अस्पताल का वास्तविक वातावरण देता है जो उपस्थित हो या अनुपस्थित, अपनी उपस्थिति का अहसास कहानी के हर रेशे में कराते हुए अनुभव को सघन बुनावट देता है।

व्यक्ति, परिवार, समाज, उसकी व्यवस्था और राजनीति बदलती हुई स्थितियों में कैसे परस्पर एक-दूसरे के विरोध में खड़े हो जाते हैं, एक-दूसरे के विरुद्ध घात-प्रतिघात और क्रिया-प्रतिक्रिया करने लगते हैं और किन्हीं खास गहरे तनावपूर्ण क्षणों में बिखर-बिखरकर अपनी वास्तविक स्थिति का जो अहसास कराते हैं उसे अपने कथ्य में वहन करती 'आत्मसाक्षी' कहानी अपने खुले हुए शिल्प से गहरा प्रभाव देती है।

बदलती स्थितियाँ ज़िन्दगी को चारों तरफ़ से घेर-घेरकर प्रभावित कर रही हैं आदर्शों को झूठा और अर्थहीन साबित कर रही है, कामरेड गनपत इसे अपनी पार्टी के सन्दर्भ में भी महसूस करता है, पार्टी और देश के प्रति निष्ठा और आदर्शों से घिरा, गनपन का मन बाहरी वास्तविकता से, बलराम, चन्द्रिका और गाँव के लोगों से टकरा-टकराकर ज़िन्दगी के अनेक सन्दर्भ प्रस्तावित करता है, अतीत वर्त्तमान में टकराता है, समाज व्यक्ति से टकराता है, व्यक्ति व्यक्ति से पार्टी पार्टी से, सिद्धान्त सिद्धान्त से, पार्टी व्यक्ति से और सिद्धान्त व्यक्ति से, टकराते हुए अनगिनत पार्श्व खड़े करते हैं। पार्श्वों और सन्दर्भों की यह एक पूरी दुनिया ही कथानक रचती है और जिन घटनाओं पात्रों और

परिस्थितियों में गुज़रते हुए, उनमें संघात के बिन्दु पैदा करते हुए कथानक परिवेश में अपने को फैलाता है उनका पारस्परिक तनाव और समुच्चय ही कहानी के शैली-शिल्प का निर्धारण करता है।

पार्टी और उसके सिद्धान्तों के प्रति निष्ठावान, ईमानदार गनपत को जिस नाटकीय परिस्थिति में पार्टी का विभाजन ऐंठ कर बिखरा देता है वही कथानक को नाटकीय मोड़ देता है। भावी परिस्थिति से जूझते, टूटते व्यक्ति की स्थिति को कहानी बिम्ब द्वारा संकेतित करती है—'लालटेन भुकभुकाकर बुझ गई। गनपत के मन में अचानक 'निरगुन' की एक कड़ी गूँज गई—तेरो जनम अकारथ जाय मूरख... ।'[83] बिम्ब में निहित आशय को चरितार्थ करती और बिम्ब की काव्यात्मकता को खण्डित करती यथार्थ परिस्थिति कहानी को आगे बढ़ाते हुए जीवन के अन्तर्विरोधी विधान को नाटकीय रूप बन्ध में धारण करते हुए सामने आती है—'गनपत ने सपने में देखा, चोर पार्टी आफिस का बक्सा उठाकर भागा जा रहा है। उसने ज़ोर से पुकारने की चेष्टा की, चो-चो-ओ-ओर! चो-चो-चो...

गनपत का सपना झूठा नहीं, सच साबित हुआ। सुबह कामरेड चन्द्रिका जी ने आकर महा अशुभ समाचार सुनाया पार्टी दो टुकड़ों में बँट गई।[84] पार्टी के विभाजन के बाद स्वार्थी तत्त्वों में से किसी की भी पक्षधरता न करने वाला ईमानदार गनपत पार्टी के इन स्वार्थ प्रेरित लोगों द्वारा अपमानित होता है और ज्वरग्रस्त हो जाता है। बीमारी की इस ख़ास स्थिति में वह निर्वैयक्तिक होकर, एक विशेष दूरी पर खड़ा होकर अपने जीवन की घटनाओं को अपनी चेतना में पुनः घटित होते देखता है और उन्हें विश्लेषित करता है। जीवन की घटनाओं का यह वर्त्तमान फ्लैश बैक व्यक्ति, समाज और राजनीति को आमने-सामने खड़ा करके उनकी वास्तविक स्थिति को एक-दूसरे के परिप्रेक्ष्य में जाँचता है, बिम्बों, चित्रों, प्रतीकों, संकेतों के माध्यम से...

'परबतिया आई। पैताने में बैठकर पाँव सहलाने लगी। मगर गनपत के बड़े भाई और बाबू जी हाथ में माला लेकर आए, और आँखें तरेरने लगे।'

रेशम मजदूर यूनियन भागलपुर की हड़ताल। गनपत खंजड़ी बजाकर जुलूस के आगे जा रहा है, 'दुनिया के मजदूरों, एक हो...'

पुलिस आँसू गैस छोड़ती है। घुड़सवार सिपाही घोड़े को दौड़ाता, हड़तालियों को चाबुक से पटापट पीटता, रौंदता, धूल उड़ाता हुआ चला जाता है।

गनपत जेल के एक गन्दे सेल में पड़ा हुआ है। सिर पर पट्टी बँधी हुई है। परबतिया-परबतिया पारो-ओ-ओ!...'[85]

कुसुमी और परबतिया गनपत के व्यक्तिगत जीवन के सन्दर्भ हैं, पार्टी

का काम उसे समाज, देश और राजनीति से जोड़ता है। लेकिन संक्रान्त और जटिल परिस्थितियाँ नाटकीय दृश्य उपस्थित करते हुए मानवीय सम्बन्धों और ग़लत धुरी से परिचालित राजनीति के अन्तर्विरोधों को उभारते हुए ज़िन्दगी की पर्तें खोदती है। इस सारी स्थिति को एक प्रतीक सार्थक संप्रेषण देता है–

'सौंफ की बुकनी मुँह में डालकर, उसने आईने में अपना मुखड़ा देखा।...आश्चर्य! उसका मुँह ठीक उस मरियल घोड़े की तरह लम्बा हो गया है, जिसके (पैंतीस साल पहले) अगले दोनों पैरों को 'छान' कर कसाई मालिक ने छोड़ दिया था। ज़मीन पर लेटा हुआ 'हुकुर-हुकुर' करके साँस लेता हुआ, टाँगों को झटकारता, कौओं ने जिसकी देह में न जाने कितने घाव कर दिए थे। पर परबतिया, हँसिया लेकर दौड़ी गई थी। पैरों के बँधन कट जाने के बाद, 'मरतुहार' घोड़ा बैठ गया था, सिर झुकाकर। फिर धीरे-धीरे धरती को सूँघने लगा था...।'[86]

रेणु ने यहाँ परिवेश के भीतर से प्रतीक उठाकर जिस सार्थकता से गनपत के अतीत और वर्त्तमान को संकेतिक करते हुए उसे कहानी के कैनवैस पर फैला दिया है वह शिल्प की सम्भावनाओं को खोलता है। इस प्रतीकवाही अनुच्छेद का भाषिक विधान भी अपने मिजाज, लहजे और मुद्रा में व्यक्ति और इतिहास के सक्रिय संघर्ष को परिवेश का जीवन्त बोध कराते हुए कहानी के शिल्प की विशिष्टता को रेखांकित करता है। स्वार्थ प्रेरित भ्रष्ट समाज और राजनीति के प्रतिनिधियों को घाव करनेवाले कौओं के रूप में संकेतित करना, ऐसी राजनीति से विरक्त होना जैसे पैरों के बँधन कटना और मुक्ति दिलानेवाले माध्यम के रूप में व्यक्तिगत मानवीय सम्बन्धों की सार्थकता की अभिव्यक्ति कहानी की सुगठित रचनात्मकता का अहसास कराते हैं।

गाँव का 'शहीद किसान आश्रम' केवल राजनीतिक परिवेश के पहलू ही नहीं खड़े करता उस गाँव की ज़िन्दगी को भी स्पर्श करता है। अपने लहजे में कहानी की भाषा व्याकरणिक नियमों से अनुशासित न होकर ज़िन्दगी और परिवेश के सम्बन्धों को धारण करती ज़िन्दगी की गति से और परिवेश से ही परिचालित होती है, 'और गनपत नहीं होता तो उस गाँव में यह 'शहीद किसान आश्रम' कभी खुलता भी? तीन-तीन नामी जुल्मी और जालिम जमींदारों के इस खूनिया इलाके में किसी पार्टी का 'वर्कर' कभी खाँसी करने के लिए भी नहीं आता था, डर के मारे।'[87] आश्रम जब से खुला है, जिले भर में कामरेड शुरू अगहन में ही बोरे-बोरियाँ लेकर पहुँच जाते हैं–धान वसूली के लिए। किसी को बहिन की शादी में मदद चाहिए, किसी को 'घर खर्च' के

लिए। गनपत को एक ही साथ अपने इलाके की लाज और पार्टी कामरेड की इज्जत रखनी पड़ती है।

परिवेश में व्याप्त, परिस्थितियों से गुँथता जीवन पात्रों की व्यवहार पद्धति से परिचालित भाषा और कथ्य के कोण और दबावों के अनुसार सम्वादों स्वगत, फ्लैश बैक, आत्मचिन्तन और परिवेश के टुकड़ों में प्रस्तावित होता जीवन का अन्तर्विरोधी विधान उपयुक्त और सटीक प्रतीकों, संकेतों और चित्रों में मुद्रा धारण करते हुए कहानी को रूप देता है।

रूप, रस, गन्ध, स्पर्श और शब्द को बोध के धरातल पर रेणु ने ध्वनियों में आकार बद्ध किया है। पूरी गहराई और सूक्ष्मता से विशिष्ट परिवेश के भीतर ऐन्द्रियबोध जगाती 'तीसरी कसम' सहज विवशताओं से घिरे व्यक्ति मन और इस पर दबाव डालती परिस्थितियों को आमने-सामने खड़ा करके ज़िन्दगी के अन्तर्विरोधी सन्दर्भों की दुनिया को ग्रामीण परिवेश के रेशे-रेशे में फैलाकर, पिरोकर कथानक विन्यास की यात्रा तय करती है।

घटनाओं, पात्रों, परिस्थितियों और वस्तुओं की भीड़ अनगिनत पार्श्वों के कई संसार रचती है, यह भीड़ जड़ ढेर नहीं है अपनी सक्रियता में पारस्परिक गुँथाव, टकराव और उलझाव से लेखक की रचनात्मक शक्तियों को कारगर करती है। हिरामन, गाड़ीवान की अपनी ज़िन्दगी है जिस तक पाठक उस ख़ास परिवेशन बोध के माध्यम से पहुँचता है। परिवेश को ध्वनियों से साकार करते हुए लेखक इसे अनुभव की उस गहराई के साथ प्रस्तुत करता है कि पाठक स्वयं अपने भीतर उस परिवेश को घटित होते हुए और स्वयं को परिवेश के साथ चलते हुए अनुभव करता है। यह परिवेश हिरामन की ज़िन्दगी की घटनाओं के साथ धीरे-धीरे खुलता चलता है...'गाड़ियों की आड़ में सड़क के किनारे दूर तक घनी झाड़ी फैली हुई थी। दम साधकर तीनों प्राणियों ने झाड़ी को पार किया, बेखटक बे-आहत? फिर एक ले, दो ले, दुलकी चाल। दोनों बैल सीना तानकर फिर तराई के घने जंगलों में घुस गए। राह सूँघते, नदी नाला पार करते हुए भागे पूँछ उठाकर। पीछे-पीछे हिरामन। रात भर भागते रहे थे तीनों जन।'[88] 'दो कसमें खाई हैं उसने। एक चोर बाज़ारी का माल नहीं लादेंगे दूसरी बाँस।'[89]

अपने बैलों और गाड़ीवानी के सिवाय दुनिया की किसी बात में विशेष दिलचस्पी नहीं लेने वाले हिरामन की ज़िन्दगी को नाटकीय मोड़ देती है एक घटना जो कहानी में अपने परिवेश के विस्तार और सूक्ष्म सूत्रों की गहराई के साथ घटित होती है। हिरामन इस बार के मेले में कम्पनी की औरत हीराबाई

को अपनी गाड़ी में ले जा रहा है, 'और इस बार यह जनानी सवारी। औरत है या चम्पा का फूल। जब से गाड़ी मह-मह महक रही है।'[90] चम्पा के उस फूल की महक हिरामन और हीराबाई के बीच पनपने वाले सम्बन्ध सूत्र को संकेतित करती है। सम्बन्ध की यह दुनिया परिवेश के साथ अपनी गतिमयता का आभास देती चलती है, परिवेश ही उसे बुनता चलता है। भीतर पनपता सम्बन्ध और बाहर घटित होता परिवेश संश्लिष्ट घटनात्मकता में व्यक्त होता है—लेखक की दृष्टि परिवेश के सूक्ष्म बिन्दुओं में पात्रों परिस्थिति और घटना को संकलित करके कथा की खोज करती है, 'आसिन कातिक के भोर में छा जानेवाले कुहासे से हिरामन को पुरानी चिढ़ है। बहुत बार वह सड़क भूलकर भटक चुका है। किन्तु आज के भोर के इस घने कुहासे में भी वह मगन है। नदी के किनारे घन खेतों से फूले हुए धान के पौधों की पवनिया गन्ध आती है। पर्व-पावन के दिन गाँव में ऐसी ही सुगन्ध फैली रहती है। उसकी गाड़ी में फिर चम्पा का फूल खिला। उस फूल में एक परी बैठी है।...जै भगवती!'[91] हिरामन और हीराबाई के बीच होनेवाला वार्त्तालाप जो सन्दर्भ प्रस्तुत करता है, नामलगर ड्योढ़ी की कहानी, हिरामन का छोकरा नाच का गीत गाना 'सजनवा बैरी हो गये हमारो', हीराबाई द्वारा हिरामन की प्रशंसा, राह चलते लोगों की निगाह से हिरामन का हीराबाई को बचाना, राह चलते लोगों को अपनी बातों में उलझाना, उन बातों में उसके उल्लसित मन की अभिव्यक्ति, तेगछिया गाँव के बीच से निकलती गाड़ी को देखकर बच्चों का गीत गाना अपनी बोली में हीराबाई को गीत सुनाने के लिए गाड़ी को लीक से हटाना, ननपुर की सूनी सड़क पर गूँजता 'महुआ घटवारिन' कथात्मक गीत, हिरामन की थरथराती आवाज़ और उससे रिसता मन का दर्द-सब समझकर हीराबाई का लम्बी साँस लेना, हिरामन के अंग-अंग में समाता उमंग, यहाँ तक कि सीताधार की सूखी उतराई पर गाड़ी के उतरने पर हीराबाई का हिरामन के कन्धे का सहारा लेना ये सारी घटनाएँ और स्थितियाँ जिनके बीच कथानक आयासहीन तरीके से स्वतः ही अपनी गति का अहसास कराता है कहानी के अनुभव को गहराते हुए सघन करती है।

परिस्थितियों का दबाव हिरामन और हीराबाई के मन की दुनिया को ऐंठता है। सम्बन्धों के रागात्मक अहसास की ट्रेजिक परिणति को विवरण की भाषा भी अपनी संवेदनशील मुद्रा में संकेतित करती है...'सामने फारबिसगंज शहर की रोशनी झिलमिला रही है। शहर से कुछ दूर हटकर मेले की रोशनी।...टप्पर में लटके लालटेन की रोशनी में छाया नाचती है

आस-पास।...डबडबाई आँखों से, हर रोशनी सूरजमुखी फूल की तरह दिखाई पड़ती है।'[92] परिवेश के यथार्थ टुकड़ों में भाषा के विशिष्ट प्रयोग से संवेदना के सांकेतिक प्रभाव बिम्बों की सृष्टि रेणु के शिल्प को अनुभव बोध से संश्लिष्ट करती है।

वस्तुओं और परिस्थितियों के प्रति पात्र अपनी ही भाषा में, अपने ही ढंग से प्रतिक्रिया करते हैं जो कहानी के अनुभव को सघन करते हुए शिल्प को सहजता देता है। व्यवसाय की दुनिया से जुड़े जैविक अस्तित्व और व्यक्ति के सम्बन्धों को बनानेवाली जैविक विवशता एक-दूसरे के विरोध में खड़े होकर हिरामन और हीराबाई के अन्तर्द्वन्द्व को तानते हुए प्रेम की ट्रेजडी के अनुभव को गहराते हैं और भाषा और रचना में भी तनाव पैदा करते हैं, इसका अहसास कराते हैं, 'गाड़ी ने सीटी दी। हिरामन को लगा, उसके अन्दर से कोई आवाज़ निकलकर सीटी के साथ ऊपर की ओर चली गई कू-उ-उ! इ-स्स...! ...छि-ई-ई-छक्क। गाड़ी हिली हिरामन ने अपने दाहिने पैर के अँगूठे को बाएँ पैर की एड़ी से कुचल लिया। कलेजे की धड़कन ठीक हो गई।...हीराबाई हाथ की बैंगनी साफी से चेहरा पोंछती है। साफी हिलाकर इशारा करती है, अब जाओ।...आखिरी डब्बा गुज़रा; प्लेटफार्म खाली...सब खाली...खोखले...मालगाड़ी के डब्बे! दुनिया ही खाली हो गई मानो! हिरामन अपनी गाड़ी के पास लौट आया।'[93]

ध्वन्यात्मक शब्द प्रयोगों से प्रभाव चित्रों की सशक्त और भाव के प्रेषण में सक्षम रचना रेणु ने की है। शब्दों के गुँजित होते प्रभाव परिवेश को मूर्त अभिव्यक्ति देते हैं, पात्र को मूर्त करते हैं, स्थिति की साकार प्रस्तुति करते हैं। प्रेम की इस दुःखान्तकी के साथ गाँव से मेले तक पात्रों की सामान्य ज़िन्दगी की कहानी, ज़िन्दगी और चीजों के प्रति उनका रवैया भाषा के लहजों, मुद्राओं और ध्वनियों में साकार होता चलता है। स्थितियों को ध्वनि मूलक प्रभावों के माध्यम से रेणु ने मूर्त किया है और पूरी कहानी की सघन बुनावट के भीतर तैरते अनुभवों को पाठक ऐन्द्रिय बोध के साथ अपने भीतर घटित महसूस करता है।...लोकगीत की मधुर लयात्मकता उसकी हर रेखा से बोलती है! नहीं, बोलती नहीं; पाठक उसे हमेशा अपने मन में कहीं महसूस करता है...हिरामन गाड़ीवाले की पीठ में लगती गुदगुदी की तरह और बैलगाड़ी का यह सफर, ऐन्द्रिय बोध को अनेक स्तरों से छू सकनेवाली रूपाकृतियों और बिम्बों के बीच जाने कब कट जाता है।[94]

नई कहानी ने व्यस्त नागरिक जीवन की भीड़ में मानवीय सम्बन्धों के

विघटन और बढ़ते हुए अर्थमोह के बीच असामान्य होते आदमी की जिस विडम्बित स्थिति को रेखांकित किया है रेणु की कहानी 'टेबुल' उस विडम्बना को अपने रचना विधान में सशक्त और प्रभावी अभिव्यक्ति देती है।

काण्टिनेण्टल कास्मेटिक्स एण्ड ड्रग्स लि. कलकत्ता, बम्बई, दिल्ली, पटना। ब्राँच पटना आफिस का अपना परिवेश है, दफ़्तर का व्यस्त माहौल, जिसे आकार देती है पात्रों और वस्तुओं की भीड़, जो आपस में टकरा-टकराकर अपने सक्रिय सम्बन्धों के बीच अपनी-अपनी स्थिति को समझाती है, दफ़्तर की इस ज़िन्दगी में अपने-अपने अन्तर्विरोधों की पर्तें खोलते हुए।

'ब्राँच आफिस के हर सेक्शन में पिछले सात दिनों में बस एक ही चर्चा; चर्चा का एक ही विषय-दुर्बा दास, दुर्बादास का भाग्य। डिस्पैच क्लर्क होकर कम्पनी में आई, हेडक्लर्क और आठ वर्षों के बाद असिस्टेंट ब्राँच मैनेजर का यह पद!'[95]

दफ़्तर के सामान्य जीवन में खलबली पैदा करनेवाली एक अप्रत्याशित और नाटकीय घटना घटी है—मिस दुर्बादास की पदोन्नति। इस घटना पर हर पात्र प्रतिक्रिया करता है और यह घटना और घटना के पीछे दुर्बादास का व्यक्तित्व अपनी वक्र मुद्राओं और क्रियाशीलता से दूसरे पात्रों पर प्रतिघात करता है। घात-संघात की इस प्रक्रिया के बीच ही समूची कहानी अपना कथानक विन्यास उपलब्ध करती है। घात-प्रतिघात के इन बिन्दुओं की खोज में ही लेखक का शिल्प कोण निहित है जो कथ्य के तनाव से परिचालित है।

नया पद सम्हालने के बाद पहले ही दिन असिसटेंट ब्राँच मैनेजर दुर्बादास नाटकीय स्थिति पैदा कर देती है। जो कहानी में एक साथ अनेक सन्दर्भों के उद्घाटन की शुरुआत है। कहानी का हर पात्र सन्दर्भों की इस दुनिया में सक्रिय है और परिवेश से टकराते हुए ज़िन्दगी की पर्तों को खोलकर व्यक्ति के भीतर और बाहर का अन्तर्विरोध समझता है। इस अन्तर्विरोध को उद्घाटित करने के लिए कहानी जो मिजाज पकड़ती है वह अत्यन्त गतिशीलता और क्रियात्मकता (Action) का है इसलिए घटनाओं परिस्थितियों और पात्रों का ढेर यहाँ है लेकिन लेखक की सहानुभूति यहाँ किसी के साथ नहीं है। वह केवल इनके रू-ब-रू होने और टकराने के बिन्दुओं की तलाश करता है और इन बिन्दुओं की स्वतः सहज व्यवस्था ही कहानी का विधान बनाती है—

'टेबुल पर काम? जी हाँ।...जी नहीं। अभी तो सिंगेसर को बुलाकर हथौड़े से टेबुल की कांटी ठोकवा...?'[96]

...दुर्बा सिहर उठी दाँत पर दाँत रखकर 'सि-ई-ई।' किन्तु उसने तुरन्त

अपने को सम्भाल लिया, 'ठीक है आप जाइए।'

...जाइए? मेहता मानो किसी अन्य दुर्बादास को देख रहा है। ऐसी चंचल, इतनी उतावली तो आज तक कभी नहीं दिखी दुर्बादास? कील! कांटी!!...गुलसन मेहता के मन में रह-रहकर कांटी गड़ने लगी, ऐसा क्यों? मेहता चला गया![97]

पात्रों की छोटी-से-छोटी प्रतिक्रियाओं और उनके व्यवहार का सूक्ष्म पर्यवेक्षण शब्दों, भाषा के लहजे और भाषिक मुद्रा में आकार पाती दुर्बादास की जटिल मनःस्थिति, मेहता की स्वाभाविक प्रश्नाकुलता मेहता के मन में दुर्बा के रवैये की प्रतिक्रया सब मिलकर उस स्थिति विशेष को अपनी एक-एक रेखा में साफ़ लेकिन अपने भाव में जटिल चित्र की तरह पाठक के सामने ला खड़ा करते हैं। स्थिति और पात्र को सम्बन्धों के साथ ऐसी जीवित चित्रात्मकता देना रेणु के शिल्प की शक्ति रेखांकित करता है। एक कील टेबुल में ठोकी गई है, कील कहीं दुर्बादास के मन में भी गड़ रही है, और मेहता के मन में रह-रहकर कांटी का गड़ना तनाव के बिन्दुओं का संकलन है एक संकेत के माध्यम से।

विवरण न देकर ध्वनि से वातावरण को साकार करना कहानी के शिल्प को संश्लिष्ट गठन और जीवन्त सम्प्रेषणीय प्रभाव देता है—

'ट्रिं!'

'हजोर?'

बिसून सिंघ ने नए बड़े बाबू को मिस दास साहब का सलाम दिया।[98] परिवेश की सूक्ष्म-से-सूक्ष्म रेखा और पात्रों की स्थूल-से-स्थूल व्यवहार पद्धति भी कहानी को बड़ी गति और तनावपूर्ण प्रभाव के साथ आगे बढ़ाते हैं, 'मेहता के इस लैक्चर के बाद दफ़्तर के कामकाज में लोगों ने अपने को डुबोने की चेष्टा शुरू की। नए बड़े बाबू की निगाह में आज ही पड़ जाए कोई इसलिए कृत्रिम मनोयोग पूर्वक काम चालू हुआ।

टाइपराइटरों की गति, कालिंग बेल की पुकार, दराजों को खोलने और बन्द करने की आवाज़ें सारे वातावरण में एक बनावट, एक मिलावट, कपट![99]

कहानी की केन्द्रीय समस्या दुर्बादास का टेबुल है लेकिन उसके आस-पास के परिवेश को हर पात्र अपनी प्रतिक्रियाओं से उभारता है, अर्थ देता है, परिवेश का यह उभार और उसकी सार्थकता कहानी को बुनती है, सन्दर्भो और पार्श्वों के बदलाव का अनुसरण करते हुए कहानी के विधान में मोड़ उपस्थित करती है—

'अपने जेनरल सेक्शन में घुसते ही उसे लगा, सेक्शन के हर टेबुल के

पास, मानव काया में जड़ित अक्षिगोलकों में कौतूहल, जिज्ञासा और अचरज मिल-जुलकर झिलमिला रहे हैं। छोटी-छोटी बल्ब जैसी दस जलती हुई आँखें।'[100]

टेबुल की समस्या जटिलतर होती जाती है जिसे लेकर द्वन्द्व करते अनेक पार्श्व खड़े होते हैं कि दुर्बादास को सिर्फ़ अपने काम से लगाव है, कि वह क्रूर है, मनुष्य का दिल नहीं है उसके पास, कि आफ़िस का हर आदमी किसी-न-किसी स्तर पर उससे टकराहट का अनुभव करता है। लेकिन दुर्बादास अपने पुराने टेबुल के बिना रह नहीं सकती एक पल भी; कोई काम दूसरे टेबुल पर नहीं कर सकती। और अन्त में समस्या का जो समाधान वह खोजती है वह कहानी को सांघातिक नाटकीयता के चरम पर पहुँचाकर उसके शिल्प को कथ्य के यथार्थ से संश्लिष्ट शक्ति के साथ सम्बद्ध कर देता है। कुण्ठित दुर्बादास की असामान्य मनःस्थितियाँ उसकी ग्रन्थि को उद्घाटित करते हुए झनझनाने लगती है, कथानक के अन्तर्विरोधी प्रभावों के साथ कि दुर्बादास मानवीय संवेदना को झुठलाकर अर्थहीन साबित कर देती है, निर्जीव, टेबुल के साथ सजीव सम्बन्ध का अनुभव करते हुए, '...त्याग-पत्र दे या चूल्हें में जाए मूर्ख अनुरंजन गुप्ता...मेरा धरम बच गया...काँटा दूर हुआ! आह...!! टेबुल के टापग्लास पर अपने गालों को बारी-बारी रखती, स्पर्श-सुख से सिहरती-सिसकती दुर्बा खिलखिलाई, जाकों जापर सत्य सनेहू...हं हं हं...सी ई ई ई!!'

मेहता को लगा, किसी अश्लील दृश्य के सामने वह खड़ा है। मूढ़मति वह! नहीं, यह दृश्य देखने योग्य नहीं।[101]

दुर्बादास के असामान्य मन की समूची कुरूपता को, उसकी प्रतिक्रियाओं को ऐसी भाषिक मुद्रा में जो साकार अभिव्यक्ति देने में लेखक की शिल्प दृष्टि सक्षम हुई है वह कहानी के अनुभव को गहराई और सघनता देती है।

रेणु अनुभवों की पूरी सम्पदा के साथ अपने रचना संसार में आए थे, इन अनुभवों को उन्होंने बिहार के एक अँचल पूर्णिया की ज़मीन में ज़र्रे-ज़र्रे में जिस रागात्मक लगाव और कलात्मक रूपबन्ध के साथ फैलाया है वह उनकी सजग रचनात्मक शक्तियों का बोध कराता है। 'पुरानी कहानी : नया पाठ' पूर्णिया के ही एक बाढ़गस्त गाँव की कहानी है जो बाढ़ की विपत्ति में घिरे, भूख से छटपटाते कराहते बेघर लोगों के दर्द और ऐसी विषम स्थिति में भ्रष्ट राजनैतिक और सामाजिक तत्त्वों की स्वार्थ लिप्सा से संघात के बीच कस्बा रामपुर गाँव को खेत-खलिहान, नदी, अमराई, गाय-बैल, मड़ैया, धान, पाट और ज़िन्दगी के प्रति लोगों के रवैये को सारे विरोधों के बीच अभिव्यक्त करते

हुए संप्रेषित करती है। परिवेश की बुनावट में कहानी का कथ्य रंग की तरह फैला हुआ है–

कारी कोसी की शाखा नदियाँ–पनार बकरा, लोहेन्द्रा और महानदी के दोनों कछारों पर भदई धान, मकई और पटसन के खेतों पर मोटी कूँची से पुता हुआ गहरा हरा रंग। गाँवों की अमराईयों और आँगनों में मधुश्रावणी के मोहक गीतों की गूँज। हवा में नववधुओं की सूखती लहराती लाल, गुलाबी, पीली चुनरियों की मादक गन्ध! मड़ैया में लेटे, मकई के दूधिया बालों की रखवाली करनेवाले अधेड़ किसान के मन में रह-रहकर एक मीठा पाप जागता है–पाट के खेतों में साग खोंटनेवाली काली-काली जवान मुसहरनियों के झुण्ड को देखकर वह बिरहा अलापने लगता है, ऊँचे सुर में, 'अरे साँवरी सुरतिया पर चम के टिकुलिया की छतिया पर जोड़ी अनार गे–छोड़ी छतिया पर जोड़ी अ-ना-आ-आ-आ-आ-र।'[102]

परिवेश की ये जीवन्त रेखाएँ पृष्ठभूमि या सजावट न होकर बसे हुए गाँव का वह सुखद चित्र प्रस्तुत करती है। जिसे छिन्न-भिन्न करते हुए बाढ़ की वक्र रेखाएँ खण्डित कर देती है। लोक गीत में प्रयुक्त अनार शब्द के बोध के ठीक विपरीत–

'...अनार नहीं, अन्हार! अर्थात–अँधकार!' का प्रयोग बाढ़ की भावी विपत्ति को संकेतित करता है। ध्वन्यात्मक शब्दांकन इस विरोध को अत्यन्त शक्ति के साथ व्यंजित करता है, 'पाट के खेतों सहित काली-काली जवान मुसहरनी छोकरियाँ आकाश में उड़ गई? दल बाँधकर मँडरा रही है? हँसती हैं तो बिजली चमक उठती है।...रखवाला सूरज दो घड़ी पहले ही डूब गया? अँध-का-आ-आ-आ-आ-र![103]

ज़िन्दगी के जिस यथार्थ को पारिस्थितिक संघात के बीच रेणु दिखाना चाहते हैं उसके ठीक विरोधी गीतात्मक लयात्मक शिल्प का विधान करते हैं, ज़िन्दगी की सामान्य हुलास भरी गति और आकस्मिक विपत्ति का संघात–

साँझ को बूँदाबाँदी शुरू हुई। मन का हुलास, गले में बरसाती गीत 'बारहमासा' की लय में फूटकर निकल पड़ा, 'ऐहि प्रीति कारन सेतु बाँधलसि सिया उदेस सिरि-राम है-ए-ए-ए-ए-ए!

हे-ए-ए-ए- हो-ओ-ओ-ओ।

...हथिया (हस्ता) नक्षत्र की आगमनी गाती हुई पुरवैया हवा, बाँस के वन में नाचने लगी। उसके साथ सैकड़ों प्रेतनियाँ, डाल-डाल में झूले डालकर झूल पड़ीं।...विकट किलकारियाँ![104]

अँचल के जीवन को उसकी पूरी चिन्तन पद्धति, विश्वास अँध विश्वास को परिस्थितियों के साथ किस्सागोई के ऐसे शिल्प में बाँधना कि वह प्रभाव बिम्बों की कतार या ज़िन्दगी की परिस्थितियों के बीच चित्रित प्रतिभा का आभास दे रेणु के कथा शिल्प का वैशिष्ट्य है। लोक जीवन से उठाए गए प्रतीकों संकेतों का प्रयोग लेकिन कथ्य में परिस्थिति के आघात की पीड़ा ने इस कहानी को संवेदना और संरचना की दृष्टि से अद्भुत संश्लिष्टता दी है—

'बाँस-बन की प्रेतनियाँ, करोड़ों जुगनुओं से जुड़ी चुनरियाँ उड़ाती दौड़ी खेतों की ओर!...डरे हुए बच्चों को माताओं ने अपनी छातियों से चिपका लिया। दूर नदी के किनारे खेतों में खड़ी कोई इसी तरह पुकारती गुहारती रही, हे-ए-ए-ए हो-ओ-ओ!

...खेत की लछमी आधी रात में रो रही है?

...सर्वनाश।'[105]

वक्ता, कथाकार, अनुपस्थित है लेकिन सारी कहानी सम्वादों में मुड़ती है, आगे बढ़ती है। कोई पात्र मंच पर उपस्थित नहीं है लेकिन सारी कहानी जैसे रंगमंच पर घटित होती है। जीवन में नाटक जिस तरह घुसपैठ कर रहा है, कहानी भी उसी तरह नाटकीय विधान में जीवन को रूपाकार देती है—

'ओसारे पर पानी आ गया।'

'बछरू बहा जा रहा है। धरो-पकड़ो-पकड़ो।'

किसका घर गिरा!'

'मड़या में कमर भर पानी!'

'ताड़ के पेड़ पर कौन चढ़ रहा है?'

'घर में पानी घुस गया। अरे बाप!'

'छप्पर पर चढ़ जा।'[106]

परिवेश के भीतर परिस्थति के ध्वंस चिह्नों की खोज और उनकी ध्वन्यात्मक, सांकेतिक अभिव्यक्ति-संकेत जो संकेत भी हैं और परिवेश का हिस्सा भी इसलिए प्रभाव व्यंजना में कहीं अधिक सक्षम है—'राजगिद्ध पाँखें तोलता है—उड़ान भरता है हहास!'

जंगली बतकों की टोली अपने घोंसलों और अण्डों को खोज रही है। टिट्हो असगुन और अमंगल-भरी बोली बोल रही है।'[107]

इस असगुन और अमंगल में भी अपना हित साधन करनेवाले पराजित उम्मीदवार जनसेवक शर्मा अखबार में सबसे पहले अपना वक्तव्य छपवाना चाहते हैं लेकिन सम्वाददाता से यह जानकर कि एम.एल.ए. साहब अपना

वक्तव्य सबसे पहले सीधे टेलीफोन से ही दे चुके हैं, जनसेवक जी जो प्रतिक्रिया करते हैं वह अपने लहजे और मुद्रा में उनके व्यक्तित्व को उजागर कर देता है, 'जन सेवक शर्मा का चेहरा उतर गया।...इतने दिन के बाद भगवान ने जनसेवा का अवसर दिया और वक्तव्य चला गया पहले विरोधी का? दुश्मन का? चीनी आक्रमण के समय भी भाषण देने और फण्ड वसूलने में वह पीछे रह गए। और इस बार भी?'[108]

'पुरानी कहानी नया पाठ' शिल्पकी दृष्टि से अत्यन्त सफल और सम्भावनापूर्ण कहानी है। बाढ़ की स्थिति में जनमानस में व्याप्त घबराहट, चीज़ों के प्रति उनकी प्रतिक्रियाएँ परिवेश की गति के साथ पूरे अन्तर्विरोधों में उभरकर सूचनात्मक कथनों में अभिव्यक्त हुई है, '...मेहरबान, आँख नहीं तो कुछ नहीं...एक बार हमारी कम्पनी का मशहूर और मा फ अंजन इस्तेमाल करके देखें...।

...मैं क्या करूँ राम मुझे बुढ्ढ़ा मिल गया।

...छप गया-छप गया। इस इलाके का ताजा समाचार। दो सौ गाँव डूब गए।

...आ गया! आ गया। सस्ता बम्बैया चादर।

...आ गई। आ गई। रिलीफ की गाड़ी आ गई।

...आ गई। आ रही है। तीन दर्जन नावें।

...सिंचाई मन्त्री जी आ रहे हैं।

...भिक्षा दो भाई भिक्षा दो—चावल कपड़ा पैसा दो।

इन्कलाब जिन्दाबाद!'[109]

सारा माहौल जैसे प्रचार तन्त्र से परिचालित हो रहा है जिसमें मानवीय स्वर लुप्त होता जा रहा है। शिल्प भी इस अन्तर्विरोध को धारण कर रहा है कि ऐसी परिस्थिति में जबकि मानवीय स्वर का सुना जाना ही मूल्यवान और आवश्यक है दूसरे स्वर उसे लुप्त कर रहे हैं।

कहानी अपने अन्त में फिर सारी गलाजत और निराशा, ध्वंस और कुरूपता के बीच जीवन की ओर लौटती है; कहानी का शिल्प परिस्थिति के इस मोड़ को अपने भाषिक विधान में धारण करता है—

'तीस बतीस दिन के रौरववास के बाद उनके दिलों में अपने बेघर के गाँव और कीचड़ से भरे खेतों के लिए प्यार की बाढ़ आ गई है।...कीचड़ पर उनके पैरों की छाप दूर-दूर तक अंकित हो रही है।

गाँव फिर बस रहे हैं।

सरकारी रिलीफ, कर्ज और सहायता के बोझ से दबी हुई आत्माओं में फिर देवता आकर बसने लगे।...

आसिन का सूरज रोज धरती को जगाता है। सूखते हुए कीचड़ों पर दूब के अँखुए हरे हुए।'[110] शरणार्थी, बंगाली मल्लाहों के गीत की रजनीगन्धा के तुनुक कोमल डण्ठलों की तरह टूट-टूटकर बिखरती कड़ी कहानी के लयात्मक शिल्प को गति देती है। इलाके का 'पढुआ पागल' जो बाढ़ आने पर जनकवि नागार्जुन की कविता 'ता-ता थैया, ता-ता थैया, नाचो-नाचो कोसी मैया...।' की आवृत्ति कर रहा था अब बाढ़ का पानी उतरने पर 'निराला' की एक ही पंक्ति जो बार-बार दुहराता है...'मिट्टी का ढेला शकरपाला हुआ'। कहानी के गीतात्मक शिल्प में सार्थक योगदान देते हुए जीवन की गति को धारण करनेवाला संकेत है जो कहानी की भीतरी तहों में जीवन के विधान को धारण करता है।

कुल मिलाकर कहानी की संरचना एक साथ लयात्मक, सांघातिक, काव्यात्मक और तनावपूर्ण है जो परिवेश में विद्यमान अपने बिखराव को सार्थक और संगत बनाती है।

बदलती परिस्थितियों के बीच खेतिहर किसानों की गीत, गन्ध, रंग भरी धरती के गीत शून्य और धीरे-धीरे रंगहीन हो रहे पटल पर 'रसप्रिया' कहानी मानवीय सम्बन्धों की संवेदनशीलता और पारिस्थितिक दबाव के टकराने से परास्त हुए, ट्रेजेडी में पर्यवसित हुए व्यक्ति मन की कहानी लयात्मक नाटकीयता के विधान में कहती है।

पंचकौड़ी मिरदंगिया के भीतर अतीत जिन्दा होकर झनझनाता है और बाहरी वर्त्तमान का बदलाव भी उस पर अपना दबाव डालता है, यह दबाव जो परिवेश में लक्षित होता है कहानी को बुनता है, कहानी का अनिवार्य हिस्सा है, 'खेत के आल पर झरजामुन की छाया में पंचकौड़ी मिरदंगिया बैठा हुआ है। मोहना की राह देख रहा है।...जेठ की चढ़ती दोपहरी में खेतों में काम करनेवाले भी अब गीत नहीं गाते हैं।...पाँच साल पहले तक लोगों के दिल में हुलास बाकी था।...पहली वर्षा में भीगी हुई धरती के हरे-भरे पौधों से एक खास किस्म की गन्ध निकलती है। तपती दोपहरी में मोम की तरह गल उठती थी, रस की डाली। वे गाने लगते थे बिरहा, चांचर, लगनी। खेतों में काम करते हुए गाने वाले गीत भी समय-असमय का खयाल करक गाए जाते हैं। रिमझिम वर्षा बारहमासा, चिलचिलाती धूप में बिरहा, चांचर और लगनी..।'[111]

पंचकौड़ी का मन नीरस करनेवाली शब्दहीन दोपहरी के विषय में सोच

रहा है और 'आसमान में चक्कर काटते हुए चील ने टिंहकारी भरी, 'टि...ई...टिं-हि-क!'[112] जैसे वर्त्तमान नीरस चुप्पी को मानवीय सुर की जगह चील की टिंहकारी ही तोड़ने को शेष है। परिवेश में विरोध और व्यंग्य का यह प्रयोग अन्यन्त सार्थक है। पंचकौड़ी बिदापद मण्डली से जुड़े अतीत मे खोया है, 'एक बार उसे लड़के की चोरी भी करनी पड़ी थी...बहुत पुरानी बात है। इतनी मार लगी थी कि...बहुत पुरानी बात है।

पुरानी बात सही, बात तो ठीक है। रसपिरिया बजाते समय तुम्हारी उँगली टेढ़ी हुई थी। ठीक है न?

मोहना न जाने कब लौट आया।'[113] पंचकौड़ी की सुखद स्मृतियों को काटते हुए मोहना का एक कटु प्रसंग के साथ प्रवेश बड़े सार्थक संघात बिन्दु पर नाटकीयता के साथ कथ्य को तानता है। परिवेश का हर बिन्दु जैसे अतीत जीवी मिरदंगिया पर आघात करता है। मिरदंगिया मोहना को मूढ़ी खिलाना चाहता है लेकिन छोटा-सा बालक मोहना भी भूख और लोकमत के बीच तनाव झेलता है और मिरदंगिया के अन्न को भीख का अन्न कहकर उसे आहत करता है। मिरदंगिया प्रत्युत्तर में गाली के साथ बात करता है मोहना भागने को उठ खड़ा होता है यह सोचते हुए कि पागलों का क्या विश्वास? आकस्मिक रूप से आसमान में उड़ती हुई चील फिर टिंहकारी भरती है—'टिहीं...ई...टिंटि ग!' जैसे वह भी मिरदंगिया के पागल होने का समर्थन कर रही हो, उसे चिढ़ा रही हों। पंचकौड़ी के अतीत से भावुक लगाव को हर स्तर पर वर्त्तमान परिवेश अर्थहीन सिद्ध करता है और विरोध के इस शिल्प में कहानी आगे बढ़ती है, 'मिरदंगिया ने आँखें पोंछते हुए सूरज की ओर देखा।...इस मृदंग को कलेजे से सटाकर रमपतिया ने कितनी रातें काटी हैं!...मिरदंग को उसने छाती से लगा लिया।

पेड़ की डाली पर बैठी हुई चील ने उड़ते हुए जोड़े से कुछ कहा टिं-टिं-हिक्[114] चील परिवेश के भीतर से उठाया गया वर्त्तमान का अत्यन्त सशक्त प्रतीक है जो हर स्तर पर भावात्मक अतीत को काटता है।

एक अत्यन्त नाटकीय बिन्दु की खोज लेखक मोहना और पंचकौड़ी की सामान्य-सी बातचीत के बीच करता है और अनकहे सम्बन्धों को छोटे से स्वगत में उद्‌घाटित कर देता है, 'मिरदंगिया कुछ देर चुपचाप सूर्य की ओर देखता रहा।...नन्दू बाबू, मोहना-मोहना की माँ!'[115]

रेणु की कहानियों का रचना विधान अत्यन्त नाटकीय है, यह नाटकीयता लादी हुई या बतौर उपकरण इस्तेमाल की हुई नाटकीयता नहीं है बल्कि लेखक

की दृष्टि यहाँ कारगर है। चूँकि लेखक तनाव के, बिन्दुओं की तलाश करता है जहाँ चीजें बिखरकर अपना विधान समझा सकें इसलिए स्वभावतः कहानी में नाटक घटित होते लगता है जो ज़िन्दगी का नाटक है इसलिए शिल्प भी नाटकीय हो जाता है–

'मोहना की बड़ी-बड़ी आँखें कमलपुर के नन्दू बाबू की आँखों जैसी है...!'

'रे मो-ह-ना-रे-हे! बैल कहाँ हैं रे?'

'तुम्हारी माँ पुकार रही है शायद।'

'हाँ। तुमने कैसे जान लिया?'

जाओ मिरदंगिया ने कहा, 'माँ बुला रही है। जाओ!...अब से मैं पदावली नहीं, रसापिरिया नहीं निरगुन गाऊँगा। देखो, मेरी उँगली शायद सीधी हो रही है। शुद्ध रसपिरिया कौन गा सकता है आज़कल?[116] निरगुन गाता मिरदंगिया झाड़ी के पीछे जाता है और मोहना की माँ के रूप में भाव का नया पार्श्व खड़ा होता है पूरी नाटकीयता के साथ जो अतीत और वर्त्तमान को संक्रान्त करता है–

मोहना ने बोझ उठाते समय कहा, 'जो भी हो, गुनी आदमी के साथ रसपिरिया...।'

'चौप रसपिरिया का नाम मत ले।

दूर से मृदंग की आवाज़ आई, धा तिंग, धा तिंग!

मोहना की माँ खेत की ऊबड़-खाबड़ मेड़ पर चल रही थी। ठोकर खाकर गिरते-गिरते बची। घास का बोझ गिरकर खुल गया।'[117] रसपिरिया शब्द का बीच में ही विरोध, मृदंग की आवाज़ पर मोहना की माँ की प्रतिक्रियाएँ अनकहे सम्बन्धों को अपनी क्रियाशीलता द्वारा ही बिना कुछ कहे अभिव्यक्त कर देती है। संकेतों और प्रतिक्रियाओं द्वारा पात्र की मनःस्थतियों, परिस्थिति और व्यक्ति के सम्बन्धों की इतनी सार्थक अभिव्यक्ति कहानी के शिल्प को शक्ति देती है।

'रसप्रिया' कहानी की भाषा का मिजाज मगही भोजपुरी का है और कहानी का विन्यास नाटकीय संवादात्मकता में होता है जैसे पंचकौड़ी का अतीत वर्त्तमान के रंगमंच पर घटित हो रहा हो और बदलती स्थितियाँ उसका विरोध कर रही हो। कहानी के शिल्प की शक्ति घात-प्रतिघात करते बिन्दुओं की खोज यानी नाटकीयता में निहित है। पंचकौड़ी द्वारा बजाई रसपिरिया जिसका ताल टूट जाता है कहानी की पृष्ठभूमि में जैसे बराबर बजती रहती है कभी

तीव्र, कभी धीमे सुरों में और कहानी विशुद्ध यथार्थ की कुदाल जैसे संवाद लिए ज़िन्दगी की पर्तें उधेड़ते हुए परिवेश में व्याप्त होकर अपना आकार उपलब्ध करती है।

**रेणु को आदिम रस, गन्धों का कथाकार कहा जाता है।** एक विशिष्ट परिवेश के महीन-से-महीन रेशे में भी जिन्दगी को फैलाकर परिस्थिति पात्र और घटना का ऐसा संलकन रेणु ने 'एक आदिम रात्रि की महक' कहानी में किया है जो मनुष्य को उलझाव भरी कृत्रिम व्यस्तताओं से खींचकर उसके उस मौलिक मानवीय गन्ध-स्वर जीवी रूप का साक्षात्कार कराता है।

रेलवे की भीड़ और शोर भरी ज़िन्दगी बिताते करमा के सामने ज़िन्दगी के वे गन्ध स्वर और दृश्य आ खड़े होते हैं, अवचेतन रूप से और परिस्थिति वश रेलवे की अस्थिर ज़िन्दगी जीता घर परिवार हीन अकेला करमा जिनकी उपेक्षा करता रहा और इनसे अलग लोगों और चीजों की भीड़ में खुद को यानी आदमी को पहचानने की कोशिश करता रहा।

करमा जो स्वयं अपने विषय में कुछ नहीं जानता गोपाल बाबू के 'साथ' रहने से अपनी ज़िन्दगी की शुरुआत करता है और फिर कई रिलिफ या बाबुओं के 'साथ' रहने तक उसकी ज़िन्दगी का फैलाव दिखाई पड़ता है। अपने अतीत को याद करता करमा जैसे आत्मसंवाद करता है। फ्लैश बैक में जैसे पात्रों की समूची भीड़ गोपाल बाबू उसकी पत्नी 'बोमा', घोस बाबू, राम बाबू, सिंध जी, साहू बाबू, मस्ताना बाबू मगहिया डोमों के तम्बू में उठती उभारवाली छौंड़ी अपनी व्यवहार पद्धति, अपनी प्रकृति के साथ अपनी ही भाषा में बोलती, व्यवहार करती आ खड़ी होती हैं।

आमदपुरा स्टेशन, एक छोटा-सा गाँव जहाँ करमा अपने नए 'बाबू' के साथ आया है अपने आँचलिक वैशिष्ट्य में उभरता है और करमा फुर्सत के क्षणों में महसूस करता है, '...सात दिन से वह काला उस जंगल और ताड़ का पेड़ उसका इशारे से बुला रहा है। जंगल के ऊपर आसमान में तैरती हुई चील आकर करमा को क्यों पुकार जाती है? क्यों? यही वह बिन्दु है जहाँ से करमा आदिम मनुष्य तक पहुँचने की अनजानी यात्रा शुरू करता है, इस यात्रा में परिवेश का कतरा-कतरा सहयोगी है और यह सब मिलकर कथानक को बुनते हैं, चरित्र को सक्रियता के साथ उद्‌घाटित करते हैं, परिवेश जैसे खुद ऐसे बिन्दु उपस्थित करता है जिनसे टकराता चरित्र खुद-व-खुद खुलता चला जाता है, परिवेश और पात्र का सम्बन्ध उद्‌घाटित होता चलता है। यहाँ कुत्ता एक सार्थक प्रतीक है जो आमद पुरा की गन्ध के पूर्व संकेत के रूप में करमा

के साथ चलता है, रेलवे हाता पार करके करमा की झिड़की सुनकर भी उसके साथ लगा रहता है, उसका साथ नहीं छोड़ता।

'इधर' हथिया नच्छतर' अच्छा 'झरा' था। खेतों में अभी भी पानी लगा हुआ है।...मछली?

पानी में माँगुर-मछलियों को देखकर करमा की देह अपने आप बँध गई। वह साँस रोककर चुपचाप खड़ा रहा। फिर धीरे से खेत की मेड़ पर चला गया।'[118] परिवेश यहाँ ऊपर से विवरण लगता है लेकिन गहराई से देखा जाय तो लगता है जैसे कोई संवाद कर रहा है। परिवेश के विवरण के भीतर यहाँ सम्वादात्मकता और सांकेतिकता एक साथ विद्यमान है।

मछलियों को देखकर बँधना करमा के प्रकृति से बँधने, उस जगह के पाश में बँध जाने की यात्रा की कड़ी है, 'आठ मांगुर और एक गरई मछली! सभी काली मछलियाँ।...करमा ने गमछे में मछलियों को बाँध लिया। ऐसा 'सन्तोख' उसको कभी नहीं हुआ इसके पहले। बहुत-बहुत मछली का शिकार किया है उसने।[119] मछली का यह 'सन्तोख' देने वाला शिकार परिवेश का एक साधारण-सा टुकड़ा है जिसका प्रयोग रेणु ने असाधारण प्रतीकात्मक क्षमता के साथ किया है, जैसे करमा को इस स्थान विशेष से यहाँ के लोगों से वह सन्तोष मिलने वाला है जो आज तक उसे नहीं मिला। कृत्रिम व्यवस्तताओं से प्राकृतिक रूप, रस, गन्ध की यह जो यात्रा है परिवेश के रेशों के भीतर से गुज़रकर है, परिवेश यहाँ कथ्य भी है और अपनी मुद्रा में शिल्प भी—

'...ताड़ का पेड़ तो पीछे की ओर ही 'धसकता' जाता है। करमा ने देखा गाँव आ गया।

...गाँव की पहली गन्ध! गन्ध का पहला झोंका!

...गाँव का पहला आदमी।[120] गाँव का यह पहला आदमी स्टेशन पर हुए पूर्व परिचय के आधार पर करमा का स्वागत करता है। बूढ़े की बेटी सरसतिया की खिलखिलाहट बूढ़े का झक्कीपन, बूढी का पारिवारिक स्नेह उसे अपनी वर्त्तमान ज़िन्दगी का रू-ब-रू सामना करते मालूम होते हैं। संघात के इस बिन्दु को रेणु ने सशक्त संकेतों और बिम्बों में व्यक्त किया है जो कहानी के संश्लिष्ट शिल्प का प्रतीक है, 'लौटते समय करमा को लगा, तीन जोड़ी आँखें उसकी पीठ पर लगी हुई हैं। आँखें नहीं, डिसटन-सिंगल, होम सिंगल और पैट सिंगल की लाल-लाल रोशरी!!'[121]

करमा जैसे उस बिन्दु पर खड़ा है जहाँ उसे इन दोनों में से एक को चुन लेना है। ऊपर से संश्लिष्ट साम्य दिखाती दो स्थितियों में से एक का चुनाव।

करमा के भीतर घात-प्रतिघात चलता है। लौटते हुए करमा का खेत की मेंड़ पर उस कुत्ते को देखना जो अभी तक उसकी इन्तज़ार कर रहा था और जो उसे देखकर मारे खुशी के नाचने लगा, संकेत का बहुत सार्थक प्रयोग है जो शिल्प दृष्टि की सजगता का परिचायक है।

पहली रात करमा को वार्निश-चूने की गन्ध के कारण नींद नहीं आती और पन्द्रह दिनों बाद '...न...आज रात की करमा को नींद नहीं आएगी। नहीं, अब वार्निश चूने की गन्ध नहीं लगती।'[122] और करमा स्वप्न में जैसे चुनाव द्वन्द्व का दंश भोगता है, गन्ध के समुद्र में डूबे करमा की पूरी ज़िन्दगी का साक्षात्कार अतीत और वर्त्तमान एक सांघातिक बिन्दु पर संक्रान्त होते हैं एक-दूसरे को काटते हैं। अपनी कहानियों में रेणु बराबर अमूर्त को मूर्त करने के लिए तीन बिन्दियों (डाट्स) का अत्यन्त सार्थक प्रयोग करते हैं। जिन्दगी के साक्षात्कार और चुनाव के तनाव को सशक्त और प्रभावी रूपाकार यहाँ रेणु देते हैं जो कहानी के सुगठित रचना विधान को संकेतित करता है–

'...अचानक करमा को एक अजीव-सी गन्ध लगी। वह उठा। किधर से यह गन्ध आ रही है? उसने धीरे से प्लेटफार्म पार किया। चुपचाप सूँघता हुआ आगे बढ़ता गया।...रेलवे लाइन पर पैर पड़ते ही सभी सिंगल होम डिसडण्ट और पैट-ज़ोर-ज़ोर से बिगुल फूँकने लगे।...फैमिली क्वाटर से एक औरत चिल्लाने लगी, 'चो-ओ-ओ-र।' वह भागा! एक इंजिन उसके पीछे-पीछे दौड़ा आ रहा है।...मगहिया डोम की छौंड़ी?...तम्बू में वह छिप गया।...सरसतिया खिलखिल कर हँसती है। उसके झबरे केश, बेनहाई हुई देह की गन्ध, करमा के प्राण में समा गई।...वह डरकर सरसतिया की गोद में...नहीं, उसकी बूढ़ी माँ की गोद में अपना मुँह छिपाता है।...रेल और जहाज के भोंपे एक साथ बजते हैं। सिंगल की लाल-लाल रोशनी... ।[123]

सुबह की गाड़ी से करमा को लौट जाना है, रात-भर आमदपुरा की गन्ध और लौटने के दबाव की टकराहट झेलता करमा सब कुछ गाड़ी में चढ़कर देखता है, '...गाड़ी ने सीटी दी। करमा ने देखा, प्लेट फार्म पर बैठा हुआ कुत्ता उसकी ओर देखकर कूँ-कूँ कर रहा है।...बेचैन हो गया कुत्ता![124]

संघात और निर्णय अनिर्णय के द्वन्द्व के इस तनाव पूर्ण क्षण में करमा का न जाने का निर्णय आदिम रात्रि की इस महक को और भी मुखर कर देता है, कहानी अपने नाटकीय अन्त में मानवीय गन्ध की जीत की जो प्रतीकात्मक व्यंजना करती है वह समूची कहानी को फिर से पाठक के भीतर घटित कर देती–

'बाबू,'

'क्या है?'

'मैं नहीं जाऊँगा।' करमा चलती गाड़ी से उतर गया। धरती पर पैर रखते ही ठोकर लगी। लेकिन सम्भल गया।'[125]

शिल्प की दृष्टि से 'तीन बिंदियाँ' रेणु की सर्वाधिक चर्चित और विशिष्ट कहानी है जो अपने संगीतात्मक, प्रतीकात्मक विन्यास के भीतर समूची रागात्मकता और कोमलता के साथ मानवीय संवेदना के माध्यम से जीवन के स्वरों को झंकृत करती है।

'तीन बिंदियाँ' अपने कथ्य और शिल्प दोनों ही की दृष्टि से प्रतीकात्मक कहानी है जो कई स्तरों पर अनेक अर्थ व्यंजनाएँ करती हैं।

विशुद्ध प्रतीकात्मक 'तीन बिंदियाँ को समझने के लिए उसके प्रतीकों को समझना आवश्यक है और चूँकि कहानी कथ्य और शिल्प दोनों ही स्तरों पर प्रतीकात्मक है इसलिए अपनी प्रकृति में अत्यन्त संश्लिष्ट है अतः संवेदना और संरचना विधान की दृष्टि से उसे अलगाना असम्भव है।

'ठुमरी' और 'तीन बिंदियाँ' इस कहानी के मुख्य प्रतीक हैं जिन्हें समझने के लिए पृष्ठाधार है सुरजीवी गीताली दास की सफल ज़िन्दगी के दस वर्ष, जिनके आस-पास कथानक अपनी परिधि गढ़ता है।

ठुमरी संगीत के राग विशेष के ही नहीं कला मात्र के प्रतीक रूप में इस कहानी में प्रयुक्त हुई है। कला के प्रतीक को रेणु ने ठुमरी में समेटा है। ठुमरी संगीत का यह गतिशील और लोचपूर्ण राग है जो अपने मूल राग होने के अहं में सहायक नाद की उपेक्षा नहीं करती बल्कि इस मूल राग के साथ आँख मिचौली खेलती हुई छोटी आँचलिक रागिनियाँ उसे आकर्षण प्रदान करते हुए चलती है। विशुद्धता का दंभ कला को स्थिर बनाकर उसे जीवन से काट देता है और जीवन गतिशील है, जीवन की गति से सम्पर्क शून्य कला केवल शुद्धता के दम्भ पर टिकी नहीं रह सकती, जीवन यानी सहायक नाद, छोटी-छोटी चीज़ें, छोटी कामनाएँ, सामान्य लोग, महानगरों से अलग अँचल का जीवन जो अकेले चलने के दम्भ नहीं कर सकते लेकिन मूल राग के साथ चलकर उसे शक्ति, आकर्षण और दीर्घता अवश्य दे सकते हैं, देते हैं। मूल राग और सहायक नाद, ठुमरी और अँचलों से सम्बद्ध पूर्वी, भटियाली कीर्तन का सम्बन्ध है, इन्हें अलग करने का मतलब इन्हें नष्ट कर देना है। मूल राग और सहायक नाद, ठुमरी और आँचलिक रागिनियाँ कला की पूर्णता और जीवन के प्रति समग्र दृष्टि कोण का प्रतीक है। सहायक नादों की उपेक्षा ही मीताली दास

की प्रतिभा की अकाल मृत्यु का कारण बनी, विशुद्धता का प्रश्न ही उसकी कला को ले डूबा। सहायक नाद अनजाने ही अपने आप ही आकार धारण करते हैं लेकिन ज़िन्दगी के इर्द गिर्द झंकृत होनेवाले वे स्वयंभू स्वर ही कला को जीवन्तता देते हैं। मिस्त्री हाराधन यन्त्रकार गीताली से कहता है, '...यन्त्र के सहारे ही सहायक नादों की पाँच हज़ार आन्दोलन युक्त ध्वनियों की बारीकियों का उपभोग कर सकोगी। सदा ध्वनित होने वाले जाने अनजाने सुरों में तुम्हारे जीवन का प्रत्येक क्षण मुखरित हो उठेगा।...[126]

ये लघु सहायक नाद ही जीवन का साक्षात्कार कराते हैं, जीवन के अनदेखे, उपेक्षित पार्श्वों की दुनिया खड़ी करते हैं ये सहायक नाद। सहायक नाद अमूर्त को मूर्त, अदृश्य को दृश्य और अपरिचित को परिचित रूप में लाने की क्षमता रखते हैं। सहायक नाद के समान ही साहित्य में अभिव्यक्ति और अनुभव के क्षणों में स्वतः ही आकर झाँकने वाली तीन बिन्दियाँ, गहरे अर्थों, उपेक्षित क्षणों और अनदेखे चित्रों की एक पूरी दुनिया रचने की क्षमता रखती हैं। तीन बिन्दियाँ सिर्फ डॉट-डॉट-डॉट, जिनमें मन की अलक्षित दुनिया को अभिव्यक्त करने की अपरिसीम सम्भावनाओं को रेणु संकेतित करना चाहते हैं। सहायक नाद और तीन बिन्दियाँ जीवन से, जीवन के प्राकृतिक, अकृत्रिम, रागमय निश्चछल स्रोत आँचलिक जीवन से सीधा सम्बन्ध जोड़ते हैं। उपेक्षित आँचलिक जीवन और साहित्य में उपेक्षित अँचल की सम्भावनाओं को भी रेणु ने इन प्रतीकों से संकेतित करने की चेष्टा की है।

सहायक नादों के सहारे गन्ध का परिवेशन करने की बात हाराधन यन्त्रकार करता है, मीताली गीतों से गन्ध का परिवेशन करती है और उसके ये सहायक नाद जीवित आकर्षण के सूत्र से सरोदवादक अकराम को प्रणय निवेदन के रूप में प्रस्तुत करते हैं। रेणु ने भी शब्दों में अँचल के गन्ध का परिवेशन किया है, शब्द और ध्वनि के रूप, रस, स्पर्श गन्ध का परिवेशन बोध और तीन बिन्दियाँ की शिल्प सीमा में अपरिसीम अप्रासंगिक प्रसंगों और असंलग्न मुहूर्तों की व्यंजना करके जीवन को साकार किया है। 'रेणु का यन्त्र सचमुच उत्तम है, और मूल नाद से उत्पन्न होनेवाले हर छोटे-से-छोटे सहायक नाद को स्वरबद्ध कर देने की उसमें क्षमता है...वह कथा को शुद्धता के दंभ (स्नोबरी) से उतार कर आंचलिक धरातल पर लाता है, और ऐसी सहज-सुगम सरलता से लाता है कि पीछे आंचल का हर पौधा, हर कण अपनी सजीवता में स्वयं बोल उठे...ध्वनि और गन्ध की छोटी-से-छोटी लहरी रेणु की कथा में स्वतन्त्र अस्तित्व और व्यक्तित्व रखती है, उसके पात्रों के निर्माण में कुछ

अजब तरलता से घुलकर एकाकार हो जाती है...।[127]

यही रेणु के शिल्प का वैशिष्ट्य है। तीन बिन्दियाँ कहानी रेणु की रचनात्मक दृष्टि का भी प्रतीक है जो उनकी कहानियों में प्रतिफलित हुई है। कहानी अपने रचाव में कहानी से अधिक जीवन का संवेदनशील संगीतात्मक विश्लेषण जान पड़ती है। नाना हाराधन यन्त्रकार के शिकारी जीवन के अनुभव कहानी को अनपेक्षित विस्तार देते हैं जो उसके शिल्प और कथ्य दोनों को ही कमजोर बनाता है। कहानी अपनी प्रतीक योजना में सफल, प्रभावी और प्रेषणीय है। कहानी की भाषा का विधान कथ्य के अनुरूप ही सप्रवाह गीतात्मक और ध्वन्यात्मक है।

संरचना की दृष्टि से रेणु की विशिष्ट और महत्त्वपूर्ण कहानियों के उपर्युक्त विश्लेषण से स्पष्ट हो जाता है कि रेणु की कहानियाँ कथ्य के साथ शिल्पगत वैशिष्ट्य के कारण पूरी नई कहानी में महत्वपूर्ण स्थान रखती है।

इन कहानियों में कथानक की गति की रेखा तो बनती दिखाई पड़ती है लेकिन कथानक के विकास की धारणा यहाँ नहीं मिलती। आदि, मध्य और अन्त की कोई सुनिश्चित योजना यहाँ नहीं है। घटनाओं का ढेर है, लेकिन उनकी तार्किक संगति और व्यवस्था शृंखला हमें नहीं मिलेगी फिर भी ये तमाम घटनाएँ वास्तविकता की ओर रेंगती मालूम पड़ती है। केवल घटनाओं में तो नहीं लेकिन घटनाओं और वास्तविकता के बीच एक रचनात्मक सम्बन्ध (Creative pattern) है जो कहानी के कथानक को रूप और अर्थ देता है। लेखक चरित्र और घटनाओं में कोई तार्किक अनुक्रम न ढूँढ़कर केवल सन्दर्भ देता है।

कथानक का विधान कुछ परिपार्श्वों में होता है। चरित्र और घटनाएँ केवल बिन्दु हैं, जो परिवेश में व्यक्ति और परिस्थिति में घात-प्रतिघात को तानते हुए ज़िन्दगी का जटिल विरोधी विधान उद्‌घाटित करते हैं। घटना और चरित्र के लिए लेखक नाटकीय स्थितियों की खोज करता है। यह नाटक तनाव और अन्तर्विरोध का है (जिसे ज़िन्दगी में कदम-कदम पर महसूस किया जा सकता है) इसलिए कहानियों का शिल्प नाटकीय हैं कहानी के केन्द्र में कोई विचार (Idea) उपस्थित नहीं है जिससे चरित्र और घटना या पूरे रचना विधान को परिचालित किया जा सके, यदि ऐसा हो तो दृष्टि आदर्शवादी होती है लेकिन यहाँ लेखक की प्रक्रिया उद्‌घाटन और खोज की है इसलिए उसकी सहानुभूति घटना, पात्र, परिस्थिति किसी के साथ नही है। वह केवल उन बिन्दुओं की खोज करता है जो जीवन की पर्तें खोल सकें, उधेड़ सकें। क्योंकि लेखक

स्थितियों को खोलता और तोड़ता है अतः स्वभावतः वहाँ कोई अन्विति न होकर बिखराव है। इस बिखराव में ही रेणु का शिल्प वैशिष्ट्य निहित है।

परिवेश का विशिष्ट प्रयोग रेणु ने अपनी कहानियों में किया है। परिवेश यहाँ सूक्ष्मता से कहानी में व्याप्त हो जाता है, यह भी कहा जा सकता है कि कहानी परिवेश में व्याप्त हो जाती है। किसी भी बिन्दु पर परिवेश से अलग कहानी और कहानी से अलग परिवेश को समझना असम्भव है और चरित्र इसी परिवेश की उपज है। अनेक स्तरों पर ये चरित्र परिस्थितियों से टकराते हैं इस टकराहट और तनाव को ये चरित्र व्यक्त अपनी ही भाषा में करते हैं।

रेणु के पात्र अधिकतर इतिहास से पिछड़े हुए पात्र हैं जिनकी व्यवहार पद्धति और भाषा अपनी ही है। अपनी ही ज़िन्दगी और अपने ही परिवेश से परिचालित, लेकिन जिस संकट को जिस दर्द, दुःखान्तकी और तनाव को वे धारण करते हैं यह आधुनिक है। पात्रों के उठाने में लेखकीय दृष्टि की आधुनिकता प्रक्षेपित नहीं होती बल्कि लेखक अपनी सर्जनात्मकता का परिचय उन्हें उस बिन्दु पर ला खड़ा करने में देता है जहाँ वे आधुनिक समस्याओं और संकट को धारण करते हैं। रेणु के ये चरित्र अपनी अस्मिता में विशिष्ट हैं। रेणु के इन चरित्रों की दुनिया अद्‌भुत है—नैना जोगिन, 'तबे एक ला चला रे' का किसन महाराज, पंचकौड़ी मिरदंगिया, दुर्बादास, हिरामन, लाल पान की बेगम, चुरमुनिया, बड़ी बहुरिया, हरगोबिन, संवदिया, सिरचन, गनपत सभी हमारे आस-पास के जाने पहचाने चेहरे लेकिन फिर भी विशिष्ट।

इस सन्दर्भ में अज्ञेय का यह कथन बहुत उपयुक्त लगता है, 'कितनी वैविध्य भरी, कितनी समृद्ध और कितनी खरी थी रेणु की यह दुनिया जिसे वह कितने निरायास ढंग से सामने मूर्त्त कर देते थे। कैसी निरायास लेकिन कितनी अचूक और दृढ़ थी उनकी पकड़। साई बाबा लोग, सुना है, हवा में से चुटकी भर भभूत ले आते हैं, पर हर बार वही भभूत तो आती है। और रेणु थे कि हर बार हवा में हाथ बढ़ाते थे और पकड़ लाते थे एक नया और अभूतपूर्व पंछी...और ऐसा पंछी जिसे देखकर हम कहें कि 'इसे हमने पहले कभी नहीं देखा,' लेकिन पहचानें कि 'अरे इसे तो हम रोज़ देखते हैं। यही तो होती है कारयित्री, भावयित्री, रूपयित्री प्रतिभा : जो पहचाने को नया और अजनबी को पहचाना करती हुई सामने ला खड़ा करती है... ।'[126]

रेणु की कहानियों में शिल्प की चर्चा करते हुए **उनकी भाषिक संरचना और भाषा विन्यास को अलग से समझना भी आवश्यक है।** भाषा किस तरह रेणु की कहानियों में कारगर होती है यानी उसकी प्रक्रिया और उसका वैशिष्ट्य

विशेष विश्लेषण की अपेक्षा रखते हैं क्योंकि रेणु विशिष्ट भाषिक प्रयोगों से न केवल अपनी संवेदना को प्रभावी प्रेषणीय और सशक्त आकार देने में सक्षम हुए थे, उन्होंने हिन्दी भाषा को भी अपनी भाषा के सम्भावनात्मक प्रयोगों से समृद्ध किया है।

रेणु की कहानियाँ लोगों की मानसिक बनावट के रूप में भाषा को ग्रहण करती हैं। स्वातन्त्र्योत्तर जीवन में मूलभावों की अपेक्षा सन्दर्भ महत्त्वपूर्ण हो गए थे, इन सन्दर्भों से ही भाषा का निर्माण हुआ। सन्दर्भों के आवर्त सहगामी और विरोधी होकर धनात्मक-ऋणात्मक दोनों मूल्यों में क्रियान्वित होते हैं, वे किस दिशा में जाना चाहते हैं इसका कोई निश्चित प्रतिरूप नहीं है इसलिए इस भाषा में निश्चिंत प्रवाह क्रम नहीं है वह सन्दर्भ वृत्त उपजाती है उदाहरण के लिए 'पुरानी कहानी : नया पाठ' में जनसेवक शर्मा का वक्तव्य उनके आचरण और उनके व्यक्तव्य का अन्तर्विरोध व्यक्त करता है, भाषा अपने आशय से विमुख हो जाती है, वे इसका इस्तेमाल अपने हित के लिए कर रहे हैं। संवाददाता से वे कहते हैं, 'स्मरण रहे कि ऐसा बाढ़...बाढ़ स्त्रीलिंग है? तब, ऐसी बाढ़ कभी नहीं आई... ।'

'किन्तु दस साल पहले तो... ।'

'अजी, दस साल पहले की बात कौन याद रखता है। तो लिखो कि सूचना मिलते ही आधी रात को मैं बाढ़गस्त इलाके... ।'[126] इसी तरह एक साथ दो विरोधी सन्दर्भ यहाँ भाषा ला खड़ा करती है–

'...भिक्षा दो भाई भिक्षा दो, चावल कपड़ा पैसा दो
...इन्कलाब जिन्दाबाद।'[127]

सन्दर्भ गर्भित भाषा का प्रयोग रेणु की विशेषता है। इन कहानियों की भाषा ज़िन्दगी का माहौल लेकर पूरा सन्दर्भ बनाती है, 'ब्राह्मण टोली के पंचानन्द चौधरी के छोटे लड़के को एक बार मेरे सामने बे पानी कर दिया था सिरचन ने, तुम्हारी भाभी नाखून से खाँटकर तरकारी परोसती है। और इमली का रस डालकर कढ़ी तो हम कहार-कुम्हारों की घरवाली बनाती है। तुम्हारी भाभी ने कहाँ से बनाई!'[128]

रेणु की कहानियों की भाषा एक खास व्याकरण बनाती है। ग्राम जीवन से सम्बद्ध कहानियों की भाषा का मिज़ाज भोजपुरी और मगही का है। ये कहानियाँ खड़ी बोली परिनिष्ठित हिन्दी में न लिखी जाकर मिज़ाज में लिखी गई हैं। यहाँ व्याकरणिक वाक्य गठन महत्त्वपूर्ण नहीं है भाषा का मिज़ाज महत्त्वपूर्ण है। वाक्य प्रक्रिया व्याकरण से न बनकर लोगों के व्यवहार से बनती

है। व्याकरण भाषा का अनुशासन होता है। इन कहानियों की भाषा पर और शब्द विधान पर व्याकरण का नहीं लोगों के व्यवहार का अनुशासन है जैसे, 'बड़े मिसर के सिपाही रामसिंधासन सिंघ ने कहा था, 'हम खूब समझते हैं। लीला पसार रही है दोनों! बिलसिया चुपचाप नहीं भागा है। अपनी माँ-बीबी से सलाह करके 'धसका' है, गाँव छोड़कर भागकर जाएगा कहाँ?...ई भैसिया तो मालिक के बथान पर जइबे करी, एक-न-एक दिन।'[131]

भाषिक विधान की दृष्टि से रेणु की 'उच्चाटन', 'नैना जोगिन', 'एक आदिम रात्रि की महक' 'रसप्रिया', 'विघटन के क्षण' और 'आत्मसाक्षी' कहानियाँ विशेष उल्लेखनीय हैं। रेणु की कहानियों में प्रयुक्त शब्द केवल परिमाण की सूचना नहीं देते, बल्कि कहानी में गुणात्मक परिवर्तन करते हैं जैसे, 'गाल और कनपटी दहकने लगी, 'डरामा' में परदा उठते ही अचानक 'पाट' भूल गया मानो।'[131] और 'सुनहले बटनवाला 'टीसाट' पहनते हुए उसने आँगन से जवाब दिया, 'कौन है जी?...इस तरह हल्ला काहे कर रहे हैं साहेब?'[132]

**रेणु की भाषा की सबसे बड़ी विशेषता उसकी मुद्रा है।** भाषा मुद्रा धारण करके आती है इसलिए उसमें अमूर्त को मूर्त करने की अपार क्षमता है। पात्र का व्यक्तित्व, उसकी व्यवहार पद्धति, उसका रवैया, उसकी मनःस्थितियाँ जैसे अपनी मुद्राओं के साथ साकार हो जाते हैं, 'मखनी फुआ ने अपने पोपले मुँह के होंठों को एक बार मोड़कर ऐंठती हुई बोली निकाली, 'अर् ऱ्हैं-हाँ-हाँ। बिइ-र-ज्जू की मैं...या के आगे नाथ औ-र्र पीछे पगहिया ना हो तबूब ना-आ-आ!'[133]

रेणु ने लोक जीवन से जिन शब्दों, मुहावरों, कहावतों और लोकोक्तियों को उठाया है वे उनकी कहानियों को अतिरिक्त शक्ति और प्रभाव से सम्पन्न करते हुए कथ्य को प्रेषणीय बनाते हैं, 'थे थ र र इ करना', फुटफुटी निकल जाना, मुँह फुलौवल करना', 'आखर धरने में डेढ़-बेढ़ होना', 'कान चुनिया कर गप सुनना', 'मन रखना' चुक्की मुक्की मारना, बिखदीठ, चूल्हे में झोंकना, बेचाल होना, गोबर की ढेर में ढेला फेंकना, आकाशी लगना, 'न हाथ से गिरे नून, न पात से गिरे चून', 'दुबला काहे तो टिडिस के मारे', 'जब देखो राड़ के मारे', 'जहाँ धड़ वहाँ घर', बन का गीदड़ जाएगा किधर', 'जब देखो राड़ की बाढ़', 'मुँह सम्भाल कर बोली काढ़', 'लाटसाट का किस्सा', 'न तीन में न तेरह में' आदि।

रेणु की अभिव्यक्ति क्षमता उनके द्वारा प्रयुक्त नई उपमाओं नए सादृश्यों और व्यंग्य के सशक्त प्रयोग ने भी बढ़ाई है–

'लाल होंठों पर गोरस का परस!...पहाड़ी तोते-को दूधभात खाते देखा है?'[134]

'पाल वाली नाव चिड़िया की तरह उड़ चली।'[135]

'हर हादमी का दिल नगाड़ा हो गया है।'[136]

'हिरामन के मन का पुरइन नगाड़े की ताल पर विकसित हो चुका है।'[137]

'जीवन हुआ है एक प्रार्थना गीत की तरह।'[138]

'सुनते ही बिरजू की माँ का चेहरा उतर गया लगा, छाते की कमानी घोड़े से उतर गई अचानक।'[139]

'बिरजू के बाप ने घूँघट में झुकी दोनों पुतोहुओं को देखा। उसे अपने खेत की झुकी हुई बालियों की याद आ गई।'[140]

'औरत है या चम्पा का फूल।'

'बच्चों की बोली जैसी महीन, फेनू गिलासी बोली,'[141]

रेणु की कहानियों में आद्योपान्त एक सम्वादात्मकता विद्यमान है। सम्वाद का अभिप्राय है आमना-सामना होना। रेणु की कहानियों में ज़िन्दगी और भाषा रू-ब-रू होकर एक संश्लिष्ट विधान बनाते हैं। रेणु की भाषा में अतिशय संगीतात्मकता का दोषान्वेषण किया जाता है लेकिन महत्त्वपूर्ण है कि यह संगीतात्मक भाषा जीवन के यथार्थ को और शक्ति के साथ उद्‌घाटित करने में सफल हुई है। रेणु ने जिस सूक्ष्म संवेदना और गहरे लगाव से बिहार के एक अँचल पूर्णिया की ज़मीन को कुरेदा था, उसके फैलाव को महीन और माँसल छवियों में ध्वनित किया था, उसके लिए गद्य की भाषा को अप्रत्याशित रूप से काव्यात्मक मुहावरे में ढाला था। अपनी कहानियों की भाषा को रेणु ने व्याकरणिक नियमों के आधार पर नहीं बल्कि लोगों के व्यवहार के आधार पर परिचालित किया है। भाषा का हर प्रयोग वास्तविकता का सामना करता है वास्तविकता का यह प्रत्यक्षीकरण समूचे शिल्प को एक नाटकीयता देता है।

स्पष्ट है कि रेणु अपनी कहानियों में मनुष्य का साक्षात्कार करना चाहते हैं परिवेश की समूची गलाजत गरीबी और जहालत के बीच। मनुष्य को ही उन्होंने रूप, रस, स्पर्श, गन्ध के बोध के साथ शब्द बद्ध किया है। इन अमूर्त ऐन्द्रिय बोधों को मूर्त्त करने की जो अपार क्षमता रेणु में है वह उनके शिल्पी को अद्‌भुत गरिमा देती हैं। उनकी कहानियाँ अपने विन्यास में खत्म नहीं होती एक बार फिर पाठक उन्हें जीने लगता है, पाठक के भीतर वे घटित होने लगती हैं, 'रेणु का पाठक कहानी पढ़ता नहीं, देखता है...एक-एक ध्वनि, एक-एक गन्ध, एक-एक रंग को महसूस करता हुआ उसे जीता है, उसके गहरे अर्थों

को जानकर चकित होता है, ज़िन्दगी में जिन्हें बुरे लोग समझा था, सब उसकी कथा प्रक्रिया में गुजर कर हल्के व्यंग्य के बावजूद 'अच्छे आदमी' बन जाते हैं।'[142]

रेणु ने अपनी कहानियों में आदमी और उसके परिवेश के सम्बन्धों के इन तनते बिन्दुओं पर जो चित्र बनाए हैं वे इतने माँसल और इनकी समस्याएँ इतनी विश्वसनीय हैं, कि कभी-कभी यह भ्रम होने लगता है कि वे स्वतः चालित हैं या उनके पीछे कोई 'चालक-शक्ति' ही नहीं है। रचना में यह भ्रम जिसके द्वारा हम 'चालक-शक्ति' को भूलकर अपने को हाड़-माँस के जीवन्त प्राणियों के दुःख-सुख से स्वीकृत कर सकें, शायद उसकी सबसे बड़ी सफलता है।

रेणु ने स्वातन्त्र्योत्तर जीवन की बदली परिस्थितियों का दबाव अपनी चेतना पर महसूस करते, परिस्थितियों से जूझते, टूटते, दुःखान्तकी का शिकार होते जिस आदमी का साक्षात्कार अपनी कहानियों में किया है वह स्थति की सारी विडम्बना और सारा व्यंग्य भोगने के बाद भी जीने के लिए सिर उठाता है, यह इतनी-सी आस्था और जिजीविषा आज भी मनुष्य में निःशेष नहीं हुई है, और रेणु ने उसे भी दृष्टि की उसी निस्संगता के साथ कम-से-कम अपनी कहानियों में व्यंजित किया है जिस तटस्थता के साथ उसकी टूटन और मूल्यहीन अराजकता को इसीलिए रेणु अपने समकालीन अन्य कहानीकारों से विशिष्ट हैं। उनकी कहानियाँ अपने अन्त में बन्द नहीं होतीं एक बार फिर शुरू होने के लिए खुल जाती हैं कथ्य की नाटकीयता को शिल्प की सम्भावनाओं में प्रतिफलित करते हुए।

# सन्दर्भ-संकेतिका


1. राजेन्द्र यादव, एक दुनिया समानान्तर, पृ. 26
2. नई कहानी दशा : दिशा : संभावना : पृ. 267
3. कमलेश्वर : नई कहानी दशा : दिशा : संभावना : पृ. 151-152
4. नित्यानन्द तिवारी : नई कहानी दशा : दिशा : संभावना : पृ. 28
5. डॉ. रामदरश मित्र : हिन्दी कहानी : एक अंतरंग पहचान : पृ. 72
6. राजेन्द्र यादव : एक दुनिया समानान्तर : पृ. 37
7. डॉ. रामदरश मिश्र : हिन्दी कहानी : एक अन्तरंग पहचान : पृ. 85
8. विवेकी राय : स्वातन्त्रयोत्तर कथा साहित्य और ग्राम जीवन : पृ. 30
9. धर्मवीर भारती, धर्मयुग-10 अगस्त सन् 1964. पृ. 38
10. आधुनिक परिवेश और नवलेखन : पृ. 146
11. वही, पृ. 146
12. शिवप्रसाद सिंह, आधुनिक परिवेश और नवलेखन, पृ. 163
13. यह साक्षात्कार 'नया प्रतीक' रंग सहीवात्स्यायन के जून 1977 में प्रकाशित हुआ।
14. सुरेन्द्र चौधरी : फणीश्वर नाथ रेणुः भारतीय साहित्य के निर्माता पृ. 30
15. सुरेन्द्र चौधरी : फणीश्वर नाथ रेणु : भारतीय साहित्य के निर्माता पृ. 39
16. आदिमरात्रि की महक : पृ. 13
17. रेणु आदिम रात्रि की महक : पृ. 18
18. वही, पृ. 16
19. आदिम रात्रि की महक : पृ. 69
20. सुरेन्द्र चौधरी : फणीश्वरनाथ रेणु : भारतीय साहित्य के निर्माता पृ. 34
21. रेणु आदिमरात्रि की महक : पृ. 57
22. फणीश्वरनाथ रेणु : ठुमरी : पृ. 117
23. वही, पृ. 127
24. वही, पृ. 130
25. फणीश्वरनाथ रेणु : ठुमरी : पृ. 148
26. वही, पृ. 149
27. फणीश्वरनाथ रेणु : ठुमरी : पृ. 24
28. फणीश्वर रेणु : मेरी प्रिय कहानियाँ : पृ. 98
29. फणीश्वरनाथ रेणु : मेरी प्रिय कहानियाँ. पृ. 70

30. फणीश्वरनाथ रेणु : आदिम रात्रि की महक : पृ. 75
31. फणीश्वरनाथ रेणु : आदिम रात्रि की महक : पृ. 81-82
32. फणीश्वरनाथ रेणु : आदिम रात्रि की महक : पृ. 22
33. विनमान : 24-30 अप्रैल, 1677 : पृ. 26
34. सुरेन्द्र चौधरी : फणीश्वरनाथ रेणु : भारतीय साहित्य के निर्माता पृ. 31
35. फणीश्वरनाथ रेणु : आदिमरात्रि की महक : पृ. 166-167
36. वही, पृ. 172
37. सम्पादक : राजेन्द्रयादव : फणीश्वरनाथ रेणु : श्रेष्ठ कहानियाँ, पृ. 42
38. वही, पृ. 45
39. सम्पादक : राजेन्द्र यादव : फणीश्वरनाथ रेणु : श्रेष्ठ कहानियाँ, पृ. 46
40. सम्पादक : राजेन्द्र यादव : फणीश्वरदास रेणु : श्रेष्ठ कहानियाँ : पृ. 60
41. दिनमान : 24-30 अप्रैल : पृ. 27
42. फणीश्वरनाथ रेणु : अगिनखोर : पृ.33
43. वही, पृ. 38
44. फणीश्वरनाथ रेणु : हाथ का जसबाक का सत (सम्पादित संग्रह) पृ–
45. फणीश्वरनाथ रेणु : आदिम रात्रि की महक : पृ. 175
46. फणीश्वरनाथ रेणु : आदिम रात्रि की महक : पृ. 176
47. फणीश्वरनाथ रेणु : आदिम रात्रि की महक : पृ. 180
48. वही, पृ. 180
49. वही, पृ. 181
50. फणीश्वर नाथ रेणु : आदिम रात्रि की महक : पृ. 154
51. वही, पृ. 155
52. वही, पृ. 155
35. फणीश्वरनाथ रेणु : अगिन खोर : पृ. 72
54. वही, पृ. 72
55. वही, पृ. 73
56. फणीश्वरनाथ रेणु : ठुमरी : पृ. 101
57. वही, पृ. 101
58. फणीश्वरनाथ रेणु : ठुमरी : पृ. 83
59. फणीश्वरनाथ रेणु : ठुमरी : पृ. 83
60. वही, पृ. 195
61. फणीश्वरनाथ रेणु : ठुमरी : पृ. 158
65. मोहन राकेश : एक और जिन्दगी : भूमिका।
66. 'The nineteenth century story teller was a master of plot. The Twentieth century fellow seeing that life was not made up of neatly parcelled collections of incidents, took his rebeal stand'.

    —Shiv K. Kumar and MC Kean : Critical approaches to Fiction : Page 70.

67. 'Conflict, the basis of plot is the very stuff of life whether the individual writer tends to see it within the mind or in the external world'.

—Shri K. Kumar and MCkean : Critical Approaches to Fiction : Page 70.

68. The Modern writer's desire for realism causes him to focus upon a limited moment of time a limited area of action in order that it may be fully explored and understood.

—Shic K. Kumar an MCkean : Critical Approaches to Fiction : Page : 70

69. More important than this limitation of subject, however, is the marked omphasis upon indirection which seemingly stems as much from the pervasive mordern desire for subtelty as from the realistic ideal. To suggest, to imply, but not to state directly or openly–this is a favoured contemporary technique.

—Shiv K. Kumar and MCkean: Critical Approches to Fiction : Page 70

70. श्री सुरेन्द्र : नई कहानी प्रकृति और पाठ : पृ.,
71. डा. विवेकी राय : स्वातन्त्र्योत्तर हिन्दी कथा-साहित्य और ग्राम जीवन, पृ., 430
72. निर्मल वर्मा : दिनमान 24-30 अप्रैल : पृ., 27
73. रेणु, ठुमरी, पृ. 150
74. रणु, ठुमरी, पृ. 152
75. फणीश्वरनाथ रेणु : ठुमरी : पृ., 152
76. वही : ठुमरी : पृ., 157
77. फणीश्वरनाथ रेणु : ठुमरी : पृ., 156
78. फणीश्वरनाथ रेणु : आदिम रात्रि की महक : पृ., 17
79. वही, पृ., 18
80. फणीश्वरनाथ रेणु : आदिम रात्रि की महक : पृ., 22
81. फणीश्वरनाथ ेणु : अग्नि खोर : पृ., 27
82. फणीश्वरनाथ रेणुः अग्नि खोर : पृ., 35
83. फणीश्वरनाथ रेणु : आदिम रात्रि की महक : पृ., 163
84. वही, पृ., 163
85. फणीश्वरनाथ रेणु : आदिम रात्रि की महकः पृ., 166
86. वही, पृ., 162
87. फणीश्वरनाथ रेणु : आदिम रात्रि की महक : पृ., 162
88. वही, पृ., 163
89. फणीश्वरनाथ रेणु : ठुमरी : पृ., 113
90. वही, पृ., 112
91. वही, पृ., 115
92. फणीश्वरनाथ रेणु : ठुमरी : पृ., 117
93. वही, पृ., 142
94. सम्पादक : राजेन्द्र यादव : रेणु की श्रेष्ठ कहानियाँ : प्रमुख स्वर।

95. वही, पृ., 37
96. सम्पादक : राजेन्द्र यादव : रेणु की श्रेष्ठ कहानियाँ : पृ., 42
97. राजेन्द्र यादव : रेणु की श्रेष्ठ कहानियाँ : पृ., 43
98. वही, पृ., 44
99. राजेन्द्र यादव : रेणु की श्रेष्ठ कहानियाँ : पृ., 47
100. वही, पृ., 60
101. फणीश्वरनाथ रेणु : आदिम रात्रि की महक : पृ., 71
102. फणीश्वरनाथ रेणु : आदिम रात्रि की महक : पृ., 71
103. वही, पृ., 71
104. फणीश्वरनाथ रेणु : आदिम रात्रि की महक : पृ., 72
105. वही, पृ., 73
106. वही, पृ., 74
107. फणीश्वरनाथ रेणु : आदिम रात्रि की महक : पृ., 75
108. वही, पृ., 77
109. रेणु, ठुमरी : पृ., 12
110. फणीश्वरनाथ रेणु : ठुमरी : पृ., 14
111. वही, पृ., 12
112. फणीश्वरनाथ रेणु : ठुमरी : पृ., 20
113. वही, पृ., 22
114. फणीश्वरनाथ रेणु : ठुमरी : पृ., 23
115. फणीश्वरनाथ रेणु : आदिम रात्रि की महक : पृ., 52-53
116. फणीश्वरनाथ रेणु : आदिम रात्रि की महक : पृ., 53
117. वही, पृ., 54
118. रेणु, आदिम रात्रि की महक : पृ., 56
119. वही, पृ., 57
120. फणीश्वरनाथ रेणु : आदिम रात्रि की महक : पृ., 57
121. वही, पृ. 58
122. वही, पृ., 58
123. फणीश्वरनाथ रेणु  की कहानियाँ : ठमरी : पृ., 169
124. सम्पादक राजेन्द्र यादव, रेणु की श्रेष्ठ कहानियाँ प्रमुख स्वर।
125. दिनमान : 24-30 अप्रैल, 77, पृ., 22
126. फणीश्वरनाथ रेणु : आदिम रात्रि की महक : पृ., 75
127. वही, पृ., 77
128. वही, ठुमरी : पृ. 55
129. फणीश्वरनाथ रेणु : आदिम रात्रि की महक : पृ., 100
130. वही, पृ., 93
131. वही, पृ., 93

132. फणीश्वरनाथ रेणु : ठुमरी : पृ., 151
133. वही, पृ., 125
134. वही, पृ., 129
135. वही, पृ., 132
136. वही, पृ., 141
137. फणीश्वरनाथ रेणु : ठुमरी : पृ., 167
138. वही, पृ., 154
139. वही, पृ., 164
140. वही, पृ., 115
141. वही, पृ. 115
142. सम्पादक, राजेन्द्र यादव, रेणु की श्रेष्ठ कहानियाँ—प्रमुख स्वर।

●●●